教養としての
ヨーロッパの王
と
大思想家《だい》たち
の真実

副島隆彦
Soejima Takahiko

まえがき ——破壊的歴史書

本書『教養としての ヨーロッパの王と大思想家《だい》たちの真実』は、ヨーロッパの1500年代（16世紀）からの近代《モダーン》300年の歴史を描く。この1冊で大きくヨーロッパとは何か、が分かる教養書の振《ふ》りをして作られる。だが、それは見せかけです（笑）。文化教養本の振りをするが、本当は、人類（人間）史の一部の、隠されたあれこれの大きな真実を、私がこの本でもドカーンと暴《あば》き立てる「真実暴《あば》きの破壊的な内容の本」である。何を破壊するか。それは、この本を怖《こわ》いもの見たさで、恐る恐る開く貴方《あなた》の脳《のう》（頭《あたま》、思考、知能）を壊そうとする本である。それ程《ほど》に危険な本だ。著者である私は、冗談で言っているのではありません。本当に、これまでの貴方あるいは貴女《あなた》の信じ込み（思い込み）を、木《こ》っ端《ぱ》微塵《みじん》にして見せましょう、である。

フン、そんなことが出来るものならやってご覧なさい、と思う貴方へ。自分が賢い読書人《どくしょじん》であると密かに自惚《うぬぼ》れている貴方へ。

この私、副島隆彦の本を、これまで読んできた、真に賢い人たち（学歴はどうでもいい）であれば、分かるでしょ。
そこで、のっけからこの本の内容の要旨《サマリー》をドカーンと冒頭に列挙（箇条《かじょう》書き）する。

1. **西暦1547年。**英国王ヘンリー8世の死。その娘エリザベス1世（最近死んだ2世のバアさまとは違う）が隠し子《バスタード》として生んだのがフランシス・ベイコン卿（天才的思想家）である。そして、この碩学《せきがく》ベイコンが、真実のシェイクスピアである。だから文豪シェイクスピアはエリザベス女王の真実の子である。古い日本語で所生《しょせい》（生みの母）と言う。シェイクスピアが、ただの田舎者の革《かわ》手袋屋（自由農民、yeoman《ヨーマン》、のちの郷紳《ジェントリー》）の息子であるはずがないではないか。

何故、こんな大嘘《おおうそ》をイギリスの国家体制はやったのか。そして仕方なく、500年間も、我らが〝処女女王《ヴァージン・クイーン》〟とウソをつき続けたか。このことは、イギリス国の最大の秘密であり恥《ち》部《ぶ》である。私が証明してみせる。

エリザベスが14歳の時（1547年）、処女を奪った（初めてセックスした。初《しょ》体験）のがトマス・シーモア海軍卿だ。「エリザベスと結婚して女王にして自分が王になろうとした」この頭の軽い男は処刑（断頭《だんとう》）された（1549年）。それでは、彼女が25歳で女王になった

（1558年）あと、28歳の時、シェイクスピア（F・ベイコン）を生ませた相手の男（実《じつ》の父《ちち》）は誰でしょう？

2．それから百年後の1650年。人類史上最大の思想家であるルネ・デカルトは、スウェーデン国で暗殺された。殺したのは、今や人類の諸悪《しょあく》の根源《こんげん》であるローマ・カトリック教会の神父（司祭《プリースト》）である。首都ストックホルムに招いてデカルトから個人授業（ご進講）を受けたクリスティーナ女王は、両性具有者《アンドロギュヌス》で、賢い啓蒙君主（エンライトンド・キング）だったが、「自分も殺される」と女王をやめて南の国に逃げた。父君は、偉大なるグスタフ2世アドルフ王で、プロテスタント軍を率いて名誉ある戦死をした。

この1650年の前々年に、カトリック側が、ついに長い戦争に厭《あ》きて、ウェストファリア条約（1648年）で新教徒《プロテスタント》（抗議者）たちの存在を認めた。この翌年の1649年1月に、イギリスで、横暴君《おうぼうくん》チャールズ1世が公開で断頭された。

オリヴァー・クロムウェルたちの清教徒革命《ピューリタン・レヴォルーション》の動乱のさ中に。

ここで本書の隠れたる大提起。どうも1625年頃に、世界最大級の頭脳であるデカルトと、ガリレオとホッブズ（前述したF・ベイコン卿の秘書だった）は、オランダで3人で会っている。これはまだ副島隆彦だけの仮説（ハイポセシス）だ。そのうち証明《プルーフ》してみせる。

3．それから百年後の1748年。偽善者《ヒポクリット》で、真の悪《ワル》であるプロシア王のフリードリヒ2世（大王《デア・グローセ》）を、「この泥棒野郎！」と叫んだ、ウィーンのマリア・テレジア女帝（神聖《ホウリー》ローマ帝国《エムパイア》の）が、オーストリア王位継承戦争《サクセッション・ウォー》に負けた。この後、この露《ろ》・仏《ふつ》・墺《おう》の3女帝《エムペレス》が女3人の〝パンティ同盟〟（上品には女下着《ペチコート》アライアンス）を結んで、ワルのフリードリヒ2世（以後F2《エフツー》と略記する）を追いつめた。前記のマリア・テレジアと、仏ポンパドゥール夫人と、ロシアのエリザヴェータ（さらにこの後《あと》を淫乱《いんらん》女帝エカチェリーナ2世が継ぐ）の3女帝だ。だが、F2《エフツー》はからくも逃げのび、この「7年（間）戦争」に勝利した（1763年）。女たちの浅《あさ》知恵では勝てなかった。何故か？

真実はイギリス（大宰相《だいさいしょう》ウォルポールが大策士《だいさくし》）が、背後からF2を支援したからだ。だからドイツ国の長い歴史上の最大の秘密（恥部《ちぶ》）は、イギリスに裏から操《あやつ》られ続けたことだ。ドイツはずっとフランス、ロシア、ウィーンと戦争をさせられ続けた。20世紀のヒトラーに至るまで。だから真に悪いのはイギリス（大英帝国）だ。イギリスはヨーロッパ大陸（コンチネント）を戦乱続きにした。そうすることで海洋帝国《シーエムパイア》として〝7つの海〟を支配した。

4．そして次にフランス国の最大の秘密（恥部）は何か？　それは国王ルイ13世は、LGBT《エルジービーティ》（同性愛者）だったので、子供は生まれない。王妃アンヌ・ドートリッシュ（スペインからの王女）と性交していない。それでは、生まれた息子ルイ14世（1638年生。太陽王《ル・ロワ・ソレイユ》と呼ばれて大繁栄。ヴェルサイユ宮殿を作った）は、一体誰の子ですか？　えっ、リシュリュー？　マザラン（マッツァリーン）？　ブルボン王朝なんてウソっぱちだ。本書でこの大きな真実も書く。

5．それから100年後の1848年。「パリ2月革命（暴動）とウィーン3月革命」。カール・マルクスたち社会主義者《ソウシアリスト》が出現し、勃興して「貧しい労働者たちが政治権力を握る」を言い始めた。本書では扱わない。

6．それから100年後の1950年は、朝鮮戦争の勃発だ。その前にベルリン封鎖。東西《とうざい》対立で欧米西側《ザ・ウエスト》とソビエト・ロシアの対立の世界（冷戦構造《コールド・ウォー》）になった。そして現在のウクライナ戦争に至る（２０２２年２月24日勃発）。これも本書では扱わない。

このように、私は読者の脳天《のうてん》に一撃どころか十撃ぐらいを喰《く》らわす。この世の隠された嘘《うそ》に向かって真実の火柱《ひばしら》を上げる。これまでこうやって、私はウソを書かないで、２００冊以上の本を書いて出版してきた。このことへの信頼が、私の本に読者を繋《つな》ぎとめる。ずっと苦闘の連続だった。

ところが、老境に達したはずの私（70歳）は、ちっとも老成《ろうせい》しないで、激しく、簡潔に、真実暴《あば》きの言論爆弾をまだ投げ続ける（笑）。こんな日本土人《どじん》の国で、誰に、何の遠慮が有るか。全てなで斬《ぎ》りにしてやる。

『教養としてのヨーロッパの王と大思想家たちの真実』◆目次

第1章

英国最大の秘密（恥部）――シェイクスピアの生みの親はエリザベス1世だ

「シェイクスピアとは誰だったのか」問題

イギリスの女王エリザベス1世（Elizabeth Ⅰ《ファースト》）なら日本人も名前を知っている。この女王は16世紀の1533年生まれで、王位に1558年（25歳）から就《つ》いて、1603年に69歳で死んだ。この女王の話からこの本を始める。

ドカーンと、大きな秘密を私は暴露する。実は、このエリザベス1世が、大《だい》劇作家シェイクスピア（William Shakespeare、1564－1616年、51歳で死）の実の母で、生みの親である。エーッと驚いて欲しいので、私はこの本を書くことに決めた。シェイクスピアがエリザベス女王の息子だ、なんて、そんなことはとても信じられない。

という人へ。私、副島隆彦の書くこと（本）を、これまでそれなりに信じてくれた皆さんに向かって、私は書く。本当だ。私を信じてくれ。

シェイクスピアが、馬係《うまがか》りから這《は》い上がった下《した》っ端《ぱ》役者で、ストラットフォード＝アポン＝エイヴォンの町から出て来た革《かわ》手袋業者の息子である、などと、逆に誰が信じられるか。こんな奴が字を書けたかも怪しい。王家や貴族の家に生まれないと、あれほどたくさん

大きな嘘《ウソ》がバレつつある

ストラットフォード=アポン=エイヴォンのシェイクスピアの生家とされる家。全部ウソ。じわじわと嘘がバレてきたので観光名所としても廃れつつある

ウィリアム・シェイクスピア
(1564 - 1616) とされる人物

そっくりでしょ。

フランシス・ベイコン卿
(1561 - 1626)

（全部で36本の劇作《プレイ》）の「王様たちの物語」を書けるはずがないのだ。

シェイクスピアは、事実エリザベスⅠ《ファースト》（以後ＱＥ1《キューイーワン》と書く）の隠《かく》し子（バスタード bastard、現在は婚外子《こんがいし》と言う）である。この大きな秘密を私は恐れることなく暴き立てる。

シェイクスピアは、本当はフランシス・ベイコン（ベーコン）卿（Francis Bacon、1561－1626年、65歳で死）という、一時期、総理大臣もしたイギリスの当時の貴族であり、ベイコン卿は大《だい》思想家のひとりだ。イギリス経験論《けいけんろん》（エンピリシズム）の生みの親だ。フランシス・ベイコンは、エリザベス女王に大変気に入られた。何故なら、自分が28歳の時に密《ひそ》かに生んだ子どもなのだから。

ベイコン卿は、最後は大法官《だいほうかん》（Attorney General アトーネー・ジェネラル。これを現代のアメリカでは司法長官と言う。日本だったら法務大臣）だ。これに兼職で検事総長という重職まで当時務めた。ベイコンは本当に大《だい》天才で大《だい》思想家だ。イギリス経験論《けいけんろん》（empiricism《エンピリシズム》）の祖《そ》と呼ばれる哲学者だ。このベイコンがウィリアム・シェイクスピアという大劇作家本人であったのだ。え？ ホントなの？と私が今、書くことに疑問を持ちながらも、引き込まれる人を相手に、さらに書き続ける。

私、副島隆彦は、これまでウソを書かないで、この40年間、自著（自分の本）を２３０冊書いて出版してきた。この実績と信用を信じてくれる人なら、きっと、私の話にさらに耳を傾けてくれるだろう。嫌《いや》がってこの本を投げ捨てたい人はそうすればいい。自分のこれまでの脳《のう》（知能）が壊されるのがイヤだろう。

シェイクスピアは、ストラットフォード＝アポン＝エイヴォン（エイヴォン川沿いのストラットフォード）という町（ロンドンから約１５０キロ北西に行った都市）で生まれた革《かわ》職人の子供で、父親は町長になったこともある、とされる。そこには今も生家があって観光名所になっている。彼が49歳でロンドンから帰って引退後もここで暮らした、となっている。ところがだ。その証拠はあまりに希薄だ。イギリス人たちも、おかしいなあ、とずっと思っている。たかが革職人程度の子供が、28歳でロンドンに出て、当時の演劇運動に参加した程度で、イングランド王家や他の王家の歴史のことを書けるわけがない。常識で考えれば分かることだ。

だから本当は、シェイクスピアはフランシス・ベイコンなんだ。このことは、ウィキペディアでも「フランシス・ベイコン説あり」と書いてある。ところが。その後で必ず「しかし正式には認められてない」と書く。ではどうして革《かわ》職人の息子で、ちょろっと役者をやっていた程度の人間が、あんな作品群を書けるんだよ、と疑問を出すと、もう誰もが知らん顔し

ある。

第2期（1596-1600）。喜劇と史劇を完成。人間観察に大きな進境が見られた。『から騒ぎ』*Much ado about nothing*, 1599、『お気に召すまま』*As you like it*, 1600、『十二夜 *Twelfth night*, 1601、の3大喜劇。肥満で冗舌な臆病武士フォルスタッフ Falstaff が現れる『ヘンリー4世』*Henry IV*, 1598、『ジュリアス・シーザー』*Julius Caesar*, 1600 の史劇がある。

第3期（1601-09）。深刻な悲劇が書かれた。叔父に父王を暗殺されたデンマークの王子の『ハムレット』*Hamlet*, 1601、部下イアーゴーの策略で愛妻を殺すに至るムーア人の将軍『オセロ』*Othello*, 1604、娘の王女たちに騙されて絶望する老父王『リア王』*King Lear*, 1605、野心から主君だったスコットランド王ダンカンを殺して悩む『マクベス』*Macbeth*, 1606 が4大悲劇。

ほかに『アントニーとクレオパトラ』*Anthony and Cleopatra*, 1607、『コリオレーナス』*Coriolanus*, 1608 等のローマ史の悲劇や『終わりよければすべてよし』*All's Well That Ends Well*, 1603 の「暗い悲劇」（ダーク・コメディ）がある。

第4期（1610-11）。伝奇劇を書いた。作者の老成達観した心境を反映して『シンベリン』*Cymbeline*, 1610、『冬の夜話』*The winter's tale*, 1611、『嵐（テンペスト）』*The tempest,* 1611がある。これらの大部分が弱強五詩脚無韻詩形 blank verse で書かれ、短い歌謡や散文が交じっている。他に『十四行詩集』*Sonnets*, 1609 に注目すべきで、154篇のソネットで、精妙な抒情の中に内面生活がうかがわれる。

戯曲の版本は、生前に四つ折版で、作者不明で出版された。『賢帝ペリクレス』*Pericles*, 1608 を除いた最初の全集が出版された（1623）。のち、（N.）ローが、幕・場を分割した版を出した（1710）。ファーネス父子（Horace Howard Furness）が集註本 The new variorum edition を出した（1871）。今日普通に見られる版は「グローブ座版」The Globe edition 。

彼の作品は各国語に訳され、日本でも坪内逍遙（つぼうちしょうよう）の全訳がある（1928完了）。シェイクスピア批評の歴史は、同時代人の感想から17-18世紀のドライデン、国語辞典づくり家のサー・サミュエル・ジョンソンを経て、（Ch.）ラムや（S.）コールリッジの評言、19世紀から20世紀にかけての学者たちの研究、さらに今日の本文批評、問題性の探究に至るまで近代イギリス劇批評史の大きな部分を占める。世界中に大きな影響を与えた。

でっち上げられた人物
ウィリアム・シェイクスピア
William Shakespeare
（×1564- ×1616）

（本当はフランシス・ベイコン卿 p.47に有り 1561-1626）

イギリスの劇作家。ウォリックシャー（Warwickshire）州のストラットフォード・アポン・エイヴォン（Stratford-upon-Avon）で生まれたとされる（ウソ）。父（John S.）は農民で革手袋商人。母（Mary Arden）は農家の娘で、子供たちも字が書けなかった。町の学校に通いラテン語を学んだとされるがウソ。父が事業に失敗したため退学。８歳年長のアン・ハサウェイ（Anne Hathaway 架空の女）と結婚（1582、18歳）、４年間で１男2女をもうけたもウソ。故郷を出奔し（1586、22歳）ロンドンに出て劇団に雇われ、観客の馬番をしたと言われる（笑）。

やがてレスター伯に仕え、内大臣お抱えとなり、エリザベス１世の死後はジェイムズ１世お抱えの俳優団（国王一座）に加入し、俳優として出演したと。上演用の脚本に加筆する座付き作者を勤めた（農民の出は字も書けないのに）。次第に独立して戯曲を書くようになった。20年間（1590年から）劇作に専念し、劇作家として名をなして、収入も増加し、故郷の町に宅地を買い（1599）、隠退して（1611）余生を送った（全部ウソ）。

戯曲は合作も含めて36篇ある。作品は（E.）ダウデンによる分類で４期に分けられる。真実はすべて天才フランシス・ベイコン卿が隠れて書いた。

第１期（1591-95）。習作の時代に先輩作家マーロウ（この人物は実在し有名）から大きな影響を受けた。『ヘンリー６世』*Henry VI*, 1591、『リチャード３世』*Richard III*, 1593 の史劇、『じゃじゃ馬ならし』*The taming of the shrew*, 1594の喜劇のほか、悲劇『ロミオとジュリエット』*Romeo and Juliet*, 1595 がてとぼける。それで５００年が経ちましたと。私はこういう隠蔽《いんぺい》された事実を暴き立てなければ気が済まない。

だからシェイクスピアの名で、多くの優れた劇作（ドラマ）を書いたフランシス・ベイコン卿が、実はエリザベス１世女王が生んだ子なのだ。なぜならベイコン卿という大《だい》貴族の家柄はない。急に出てきた下級貴族だ。それが庶民院《しょみんいん》（今の下院《かいん》議院）の議員から出て来て急に出世している。それでＱＥ１《キューイーワン》（実の母親）と対立して嫌われてクビになったりもしている。それはエリザベス１世が、他の大《だい》貴族たちと激しい権力闘争をしていたからだ。かつエリザベスには何人もの愛人貴族がいた。そうこうするうち、エリザベス１世が死んだ（１６０３年）。次のジェイムズ１世（James I、１５６６－在位１６０３－１６２５年、58歳で死）時代にＦ・ベイコンは大きく引き立てられる。ベイコンは、ずば抜けて頭がよかった。だから１６１８年に大法官になった。

真実は恋多き女だった「ヴァージン・クイーン」エリザベス１世

エリザベス１世は本当はどんな女性だったか。これは日本でほとんど語られていない。彼

42歳の時　エリザベス１世　14歳の時
(1533－1603)

フランシス・ウォルシンガム(1532－1590)
エリザベス女王を強力に支えた秘密警察長官。女王の隠し子F・ベイコンをスパイ教育した

トマス・シーモア
(1508－1549)
14歳のエリザベス女王の処女を奪った男。ハンサムで頭が軽かった

女は生まれたときから命を狙われて、何度も殺されかかった。エリザベス1世（QE1）は、ヘンリー8世（Henry VIII、1491-在位1509-1547年、55歳で死）の娘（次女）だ。彼女にはエドワード6世（長男）と、メアリー1世（Mary I of England、1516-在位1553-1558年、42歳で死）という母親が異なるお姉さん（長女）がいた。メアリー1世は5年間だけ女王になった。〝ブラディ（血だらけの）・メアリー〟という名のカクテル酒が今に伝わる。カトリック教会に逆らうプロテスタントをたくさん殺した。

メアリー1世の前の王、ヘンリー8世の長男坊（エドワード6世）もすぐ死んだ（1553年）。このあとの権力闘争（勢力争《あらそ》い）で9日間だけヘンリー7世の孫のジェーン・グレイが王位に就いた。だがすぐに追い落とされて（翌年処刑）、エリザベスのお姉さんのメアリー1世が女王になった。彼女は翌年、11歳年下のスペインのフェリペ2世（Felipe II、1527-在位1556-1598年、71歳で死）と結婚した。

このフェリペ2世が、父の神聖ローマ皇帝カール5世（ハプスブルク家）の後継者で、即ち**世界覇権者**だった。従って妻の国、イギリスの領有権まで主張できた。

〝ブラディ・メアリー〟は父親のヘンリー8世の生き方と異なって、生来のカトリックの保守体質から、プロテスタントを次々と処刑した。このメアリー1世もころっと死んだので、

王位わずか9日で“ブラディ・メアリー”の勢力に追い落とされ、7カ月後、ロンドン塔（監獄）で首ちょっきん（斬首刑）で殺されたジェーン・グレイ（1554年2月12日、16歳）

それで1558年にエリザベス（1533-在位1558-1603年、69歳で死）が女王になったのである。

エリザベス女王を強力に支え続けたフランシス・ウォルシンガム（Sir Francis Walsingham、1532-1590年、58歳で死）という男がいる。この男が当時の英国の秘密警察長官だ。極めて優秀で非情な男だ。このウォルシンガム卿が、自分の上司のW・セシル（後述する）と共にエリザベス1世を支え続けた。秘密警察だから、ローマン・カソリックから送り込まれてくる僧侶とカトリック派の貴族たちをスパイとして捕まえて拷問にかけて白状させたりした。こういう諜報（スパイ）活動をずっと冷酷に行った。国家情報部のスパイ活動なるものが正式にイギリスで始まったのはこの時だ。このウォルシンガム卿と、取り巻きのプロテスタント貴族たちが、ずっとエリザベス1世を守った。

エリザベス女王は、生涯結婚しなかったので〝ヴァージン・クイーン〟（virgin queen、処女女王）と国民に呼ばれた。しかし実際には自分が気に入った若い貴族たちと次々と性行為を行った。彼女に取り入ろうとした若い貴族たちの間で激しい出世競争と妬《ねた》みと追い落とし合いがあった。「私と寝たからと、思い上がるな」とエリザベスの命令で殺された。有名な

フェリペ２世
（1527－1598）
世界覇権を握っていた。現代アナール（アニュアル）学派のフェルナン・ブローデル著『フェリペ２世時代の地中海と地中海時代』（原書1949年刊。日本語版、1991年刊、藤原書店）に詳しい

メアリー１世
“ブラディ・メアリー”
（1516－1558）
生来の保守人格が抜けなかった

のはエリザベスの一時期の愛人貴族（寵臣《ちょうしん》）のロバート・デヴァルー（エセックス伯）だ。

世界中にあちこちにヴァージニア（州）という名前が残っている。エリザベス1世の時に作られた植民地（コロニー）である。エリザベスⅠは秘かにフランシス・ベイコンを生んでいる。何故、秘密にしたのか？

そこで話をベイコン卿に戻す。やはりエリザベス1世が産んだ子供が一代貴族のフランシス・ベイコンである。理由の1つは、ベイコンは事実、前出のウォルシンガム卿に育てられている。少年時代から冷酷なスパイ教育を受けた。暗号文章《あんごう》の書き方から二重人格になる技術を学んだ。イギリスは今でも後《のち》に国家指導者になる者たちに、幼年期から非情な国家スパイ教育を施《ほどこ》す。現代のウィンストン・チャーチルもそうだ。

ウォルシンガムの弟子（ディサイプル）としてずっと直《じか》に教育を受けて、イギリス議会でまず庶民議員（下院議員）になった。貴族たちの内紛とかいろいろあったが、急激に出世している。私が調べたら、フランシス・ベイコンは大知識人で凄い人だが、そのお父さんのニコラス・ベイコン（Sir Nicholas Bacon、1510－1579年、68歳で死）も後世に大法官、法務大臣までやったことにされている。騎士《ナイト》階級の男で、ただのSirなのだ。ベイコンはこ

本当は恋多き女
エリザベス１世
Elizabeth I
（1533-1603）

69歳で死ぬまでイングランドのチューダー朝の女王（1558-1603）。ヘンリー８世とアン・ブーリンの娘。ロンドン生まれ。異母弟エドワード６世、そのあと異母姉メアリー１世“ブラッディ・メアリー”のあとに王位についた。人文《じんぶん》学者アスカムの教育でギリシア、ラテンの古典を学び、仏・伊両語に通じた。姉メアリー１世がカトリックに復帰したことで不満が起き、ワイアットの反乱に加担した嫌疑で投獄された（1554）が、間もなく釈放された。姉の死後25歳で即位（1558）。フランスとの戦争を治め（1559）、財政の基礎を確立した。宗教については父ヘンリー８世のとった中道政策に復帰し「首長令」Act of Supremacy と「礼拝統一令」Act of Uniformity を制定、カトリックの諸法令を廃した。英国国教会（アングリカン・チャーチ）を確立して、カトリックと清教徒の両極端派を抑圧した。プロテスタント貴族の首領W. セシルと隠し子（フランシス・ベイコン＝シェイクスピア）を生む（1561年、28歳）。

国際間の紛争に巻き込まれることを警戒して、スペイン王フェリペ２世を始め諸国の君主の求婚を退け、一生を独身で通した。“処女女王（ヴァージン・クイーン）”の国民的熱狂が起きる。この時ヨーロッパは、大規模な宗教戦争の渦中にあった。反宗教改革の勢いでカトリック派は、スペインの強大な力で、カトリック教徒で従姪のメアリー・ステュアートの擁立が発覚（1571）。議会は彼女の処刑を強く要求しエリザベスはこれを退けたが、スペインとの開戦が迫ったので漸く同意した（1587）。外国との紛争を避け、スペインからの独立を戦う新教徒のオランダ人およびフランスのユグノー派にも、表面の援助を避けて陰から助け、私掠船《しりゃくせん》に資金を出してスペイン船の掠奪を奨励した。スペインと開戦し、無敵艦隊を撃滅（1588、55歳）。イングランドの繁栄を確立した。

晩年の女王は商業独占権で議会と対立。レスター伯（ロバート・ダドリー）、エセックス伯（ロバート・デヴァルー）を愛人にしたが、内実は終生の愛人である賢相W. セシルと、ウォルシンガムが国内治安を保ち、イングランドの産業は空前の発展をとげた。天才シェイクスピア（彼女の実の子で、フランシス・ベイコン卿である）らを輩出して文学史上のエリザベス朝時代を現出した。

のニコラス・ベイコンが51歳のときに生まれたことになっている。父のニコラス・ベイコンは実在したが、貴族でさえない。だからベイコン家はあとから作られた虚構の家系だ。

ところが、息子のフランシス・ベイコンはさっさと奇妙に出世して一時首相にまでなる。やはりエリザベス1世の隠し子だと考えるしかない。エリザベスは命を狙われて逃げ回っていたが、生き延びて25歳のときに国王になっている。国王（女王）になってしまえばもう勝ちだ。簡単に殺されない。フランシス・ベイコンが生まれたのはエリザベスが28歳の時（1561年）だから数字が合う。エリザベスは生涯結婚しなかったから、公式には子供がいないことになっている。

1561年は女王になって3年目だ。このあと周りに愛人になる貴族たちが現れた。エリザベス1世は7〜8人、青年貴族を次々に愛人にしている。この事実は今では隠されていない。エリザベス1世を描いた映画の中にも、彼ら取り巻きが出てくる。海賊上がりのあのキャプテン・ドレイク（後述）も愛人の1人だ。一時は愛人にされたけど彼女に厭《あ》きられて捨てられた貴族が暴れ出して、嫉妬に狂って反乱を起こそうとして、捕まえて処刑されたりした。これがエリザベス女王の真実だ。これも公式には言わないことになっている。第5章で話すロシアのエカチェリーナ2世女帝（Yekaterina II Alekseyevna、1729－在位1762－

1796年、67歳で死）と一緒だ。女帝（エムペレス）がやることはどこも同じ。自分が最高権力者になると、男の王と同じことをする。女も男《おとこ》化《か》する（男のようになる）のだ。

男たちをエリザベスはうまい具合に操って政治を行った。このエリザベスの隠し子のベイコンが、だから首相にもなった。しかしすぐに喧嘩したりして、親子（母と息子）で仲が悪かった。ここが面白い。

エリザベス1世の時代

フェリペ2世（Felipe II、1527－在位1556－1598年、71歳で死）が世界最強の権力者だった。神聖ローマ皇帝の地位も要求できた。このスペイン帝国と戦ってイギリスが辛くも勝った。エリザベスI（QE1）が、これをたたき潰《つぶ》した（1588年）ときから、イギリス国の大繁栄の時代が始まった。無敵艦隊（Invincible《インヴィンシブル》 Armada《アルマダ》）がドーヴァー海峡から、さらにイギリスのロンドンを目指して攻めて来た。アルマダ海戦だ。テムズ河口のティルベリーで、エリザベス1世が兵士を鼓舞する有名な演説をした（55歳）。エリザベス女王の愛人でもあったキャプテン・ドレイク（Sir Francis Drake、1543－1596年、55歳で死）が指揮してスペイン無敵艦隊を打ち破った。ドレイクは極めて有能な海賊《パイレーツ》の大親分《おおおやぶん》でこの男が強かった。ドレイクはスペイン領の西インド諸島まで襲撃しに行った。スペインはイギリスに負け始めた。それでもその後100年間は、スペイン帝国がまだまだ強い。

この1588年のアルマダ海戦の時、後方の輸送船団の中の1隻の船長をしていたのが、ウィリアム・アダムズ（William Adams、1564-1620年。56歳で死）で、のちの三浦按針《あんじん》だ。アダムズは、アルマダ海戦から12年後（1600年3月）に、日本の大分に流れ着いた。オランダの東《イースト》インド会社（コンパニー）に雇われて世界1周の貿易の海路を開拓するためにシンガポールからメキシコのアカプルコに渡ろうとして、ハリケーンに巻き込まれて難破して大分に漂着した。

この時リーフデ号（エラスムス号）に積んでいた、当時最高級のカノン砲20門を家康にすべて引き渡した。それが関ケ原の戦いで4門が使われた。この西洋最新鋭のカノン砲で石田三成の軍隊を粉砕した。弾丸は焼けた火の玉みたいになる。当時はまだ爆裂弾《ばくれつだん》ではないから火の玉みたいに転がってゆく。これで西軍（豊臣方）の最精鋭部隊《さいせいえいぶたい》が1000人も殺されたら、もう勝てない。それで東軍の家康が勝った。これが真実だ。拙著『信長はイエズス会に爆殺《ばくさつ》され、家康は（忍者から）摩《す》り替《か》えられた』（2015年、PHP研究所刊）に詳しく書い

ジェイムズ1世
(1566 - 1625)

徳川家康に謁見するウィリアム・アダムズ(右端)(1564 - 1620)　すでに英語を通訳する宣教師がいた

た。

ウィリアム・アダムズ（三浦按針）は、家康の命令でこれらの最新鋭の大砲を、伊豆半島の伊東と横須賀（浦賀）で実射してみせた。その威力を家康に実証した。それらの大砲を本《ほん》多忠勝《だただかつ》（1548－1610年、63歳で死）の部隊が関ケ原まで引っ張っていって、この洋式大砲を木曾川を遡《さかのぼ》って、大垣城の近くで上陸させて関ケ原にまで運んだのだ。この真実を、日本の歴史好きの人々がまだ知らない。学者はアホが多いからほとんど言わない。本多忠勝はウィリアム・アダムズの横に付いていた。「本多の24人持ちの大筒《おおづつ》」と言って、周りを自分の兵隊で固めて、ウィリアム・アダムズとイギリス兵たちを見えなくした。

この関ケ原の戦いの14年後に、大坂冬の陣と、翌年の夏の陣で、イギリス国王から家康（日本王）に贈られたさらに最新式のカルバリン砲（カノン砲＝野戦砲の一種）が威力を発揮した。大坂城目がけて、この洋式大砲が2キロ飛んで、天守閣まで壊した。これに怯《おび》えて淀君《よどぎみ》が停戦し（冬の陣）、外濠《そとぼり》を埋められた。そして翌年の夏の陣でも砲撃された。豊臣家は、最後に自ら火薬で爆死して亡んだ。

このカルバリン砲は、エリザベス1世（1603年に死）のあとを継いだジェイムズ1世（温和な人）が、家康に贈ったものだ。ジェイムズ1世は1605年に、カトリック勢力に、イギリス議会の壇上で爆殺されかかった（未遂）。ガンパウダー事件（1605年11月5日。あるいはガイ・フォークスの事件と言う）である。

これに怒ったジェイムズ1世は、ベトナム王やマラッカ王などの王たち、そして日本王である徳川家康に、「カトリックに気をつけよ」と新式大砲を送ったのである。これもウィリアム・アダムズが、来日した全権公使《スペシャル・エンヴォイ》を取り次いで家康に渡した。

このように世界史（ワールド・ヒストリー）の波の中に、日本（の最高権力者たち）の動きも組み込まれているのである。日本国内だけの日本人たちだけの活動で日本史が動いているのではない。このことを私は強調する。日本（史）は必ず世界（史）の一部なのである。何故、日本に副島隆彦の言論（真実の暴《あば》き）が出現したのか、も、そろそろ考えなさい。

エリザベス女王の終生の愛人ウィリアム・セシル

それではQE1が生んだフランシス・ベイコンの実の父親は誰か。えーい、面倒くさいからはっきり書く。それが、初代バーリー男爵のウィリアム・セシル（William Cecil、1520－1598年、77歳で死）であった。

このウィリアム・セシルは、エリザベス1世の即位前から晩年に至るまでの40年間の重臣（大官《たいかん》）である。すなわち、このウィリアム・セシルがエリザベス1世を守り抜いて、そして操った。だからこのセシルが真の最高権力者なのだ。そして1561年に、エリザベス1世と愛し合って、フランシス・ベイコンを生ませた。そしてベイコンがそのまま文豪シェイクスピアだ。

セシルはエリザベスの父親ヘンリー8世を操《あやつ》り続けたトマス・クロムウェルに能力を認められて這《は》い上がった男だ。元は貴族ではなくて、ジェントリー（郷紳《きょうしん》）階級（ドイツではヨーマン。農場主階級。フランスでは高等法院を名乗る平民階級。一番分かりやすく言えば武士階級、侍《さむらい》階級）だ。だから庶民院 House of Commons の議員でしかない。それでもプロテスタントの人文《じんぶん》主義者（男女の愛を謳歌する）の勢力としてエリザベス女王を支えて、横にべったりくっ付いた。国王秘書長官（国璽尚書《こくじしょうしょ》）をし、それから死ぬまで大蔵卿《ロード・ハイトレジュアラー》（財務大臣、financier フィナンシア 財政家）をした。だから国家の資金を全部握っていた。

このウィリアム・セシルが、エリザベスの秘密警察長官であるウォルシンガム卿を忠実な部下にした。このウォルシンガムがカトリック（旧教徒）側の貴族とスパイで潜り込んできたカトリック神父たちを捕まえて逆さ吊《づ》りの拷問《ごうもん》にかけた。このシーンはエリザベス女王を

本当はたくさんの愛人がいたエリザベス１世。“ヴァージン・クイーン”と崇められたので、困って嘘をついた

政敵ロバート・ダドリー
(1532 - 1588)

キャプテン・ドレイク
(1543 - 1596)

エリザベス１世

(1533 - 1603)

結婚する相手の男王に領土の相続権を主張される。だから結婚しなかった

ウィリアム・セシル
(1520 - 1598)

ロバート・デヴァルー
(1565 - 1601)
第２代エセックス伯爵

描いた映画でよく出てくる。例えば、米映画『エリザベス』（1998年作）で女優ケイト・ブランシェットがQE1を熱演した。主馬頭《しゅめのかみ》（武士の筆頭）のロバート・ダドリー（Robert Dudley、1532-1588年、56歳で死）卿との秘かな愛を中心に描いている。この映画でQE1という女の人生がようやく世界中に実感を伴って理解された。当時のイギリスの貴族たちの様子も。

非情なウォルシンガム卿（エリザベスより1歳上）が少年の頃から育てたのが、フランシス・ベイコンだ。だからベイコンは暗号で文章を書いたり、二重人格になりきる訓練を受けている。だからシェイクスピアという劇作家にもなり替わることができたのだ。もとより、ベイコン（シェイクスピア）はエリザベスとW・セシル（13歳上）が作った子供だ。だからかわいいに決まっている。エリザベスがその後何人もハンサムでかっこいい貴族の男を愛人にして、〝男女の愛〟を謳歌《おうか》するのをセシルは許していた。自分が政治の実権を握っていたからだ。優れた女性経営者の裏には必ず男がいるのと同じだ。これ以上書くと女性差別主義者（セクシスト）になるから止《や》めるが、まあそういうことだ。これが歴史の真実である。

エリザベスを守って女王にしたこのセシルたちが、その後の40年間も勝ち組なのだ。負け組になった代表が、このセシルによって処刑されたジョン・ダドリー卿（John Dudley、1

エリザベス１世の真の終生の愛人 ウィリアム・セシル ２人で子を作った William Cecil（1520-98）

イギリスの政治家。初代バーリー男爵（Baron of Burghley）。郷紳《きょうしん》（ジェントリー、ヨーマン）出身でチューダー時代の新しい大官の型を代表する人物。人文学者 R. アスカムによる新教養を身につけた。下院に入り（1547）、摂政（E.S.）サマセット公の秘書となり、その失脚に際し一時投獄された（49）。間もなくノーサンバランド公に能力を認められて国務相となった（50-53）。メアリー１世の治世（53-58）で官を追われた。エリザベス１世即位と共に国務相に復帰し（58-72）、慎重熟慮をもって40年間女王に仕え、中道を歩ませた。この間レスターら廷臣の策謀があったが、女王の信頼を保ち、男爵に（71）。大蔵卿（Lord High Treasurer）として女王の首相となった（72-98）。国教制度を確立し（59）、メアリ・ステュアートを処刑、無敵艦隊撃滅に至るスペインとの抗争で業績を積み、エリザベス下のイングランドを偉大にした。学問芸術にも理解が深く、その邸宅 Burghley House はルネサンス建築の代表作として現存している。

502‐1553年、51歳で死）だ。ロバート・ダドリーの父親だ。これが23ページに載せたジェーン・グレイ（16歳）が断頭される様子（1554年）につながる。ジョン・ダドリーはジェーン・グレイの女王擁立を画策したが、政争に敗れてメアリー1世（ブラディ・メアリー）に処刑された。

まえがきで書いた、14歳のエリザベスを犯した（処女喪失）トマス・シーモアがあまりにあっけらかんとしてバカだったから、それを処分（処刑）した実の兄のエド・シーモア陸軍卿を、さらに処刑したのがジョン・ダドリー卿だ。それを権力闘争で破って処刑してセシルが権力を握った。

このようにずっと連続してすべてを、権力闘争（パウア・ストラグル）の太い骨格で見る目を持たないと、何が何だか訳が分からない。だからヨーロッパの王様たちの歴史は難しい、複雑だ。と言って、文学部の西洋史学科を出た者たちが、「教養としての世界史」（笑）という逃げ口上をいくら使ってみたって、どうせ訳が分からない。事件の羅列《られつ》だ。生まの政治（リアル・ポリティックス）というものが自分の肌《はだ》で分からない学者知識人は、一生、アホの知識人のままだ。

私、副島隆彦が、このように大きく太い柱で描いて見せるから分かっただろう。腑に落ち

ヘンリー8世の3番目の王妃になったジェーン・シーモアはエドワード6世を生んで産褥《さんじょく》で死んだ。その兄たちが一時、5年間だけ権力を握る。しかしすぐにブラディ・メアリーの勢力に倒された。その6年後にエリザベスが即位する(1558年)

ジェーン・シーモア
(1508－1537)

長兄エドワード・シーモア
(1500－1552)
弟を殺したが、自分も殺された

次兄トマス・シーモア
(1508－1549)
処女だったエリザベス1世を犯した頭の軽い男

ただろう。しかも、それを横に横につないで、同時代の他の主要な国の王たちの動きとの関係までぐさり、ぐさりと描くことで、西洋史の全体像が分かるのだ。

エリザベス女王は自分の周囲の貴族たちが嫉妬に駆られてケンカしたりすると自分で裁定した。「私と寝た（同衾《どうきん》した）からと思って有頂天になるんじゃない。この男を処分（断頭）しなさい」だ。その中にアメリカのヴァージニア州（立派な州）を植民地として開拓したウォルター・ローリー卿（Walter Raleigh、1554－1618年、64歳で死）がいる。ヴァージン・クイーンのエリザベスにそれを献上したから今のヴァージニア州がある。その南の方がジョージア州（後のジョージ1世が開拓させた植民地）。だから今もアメリカ国民は、それらの自分たちの立派な州がイギリス国王によって作られたことが肌身《はだみ》に沁《し》みて分かっている。だからイギリス王室に頭が上がらないのだ。

海賊（パイレーツ）の親分で有能だったキャプテン・ドレイクも、QE1の愛人の1人だ。このドレイクが1588年の大戦争で、怒り狂ったスペイン国王フェリペ2世がロンドンを目指して無敵艦隊 Invincible Armada《インヴィンシブル・アルマダ》 で進撃して来たとき向かい討ったイギリス海軍の司令官だ。ただし、このときはまだ国家軍隊としての海軍（navy《ネイヴィ》）は無い。QE1はロンドンのシティの商人の連合体（自治体）に対して商船を出撃させてくださいと頼んだ。この商船隊に大砲を積んで、スペイン無敵艦隊と戦って大きく打ち破った。ドレイクを総司令官にして。

この時、大事なのは、オランダの新教徒たち（スペイン帝国の領土だった）の商船隊と、北ドイツのハンザ同盟の商船隊も背後から必死でスペイン艦隊を攻めた。この歴史事実が重要なのだ。挟み撃ちにされてスペインは負けたのだ。この時のオランダと北ドイツの諸侯たちは、ウィーンの神聖ローマ帝国と戦っていたから、イギリス同様に死ぬ気で戦ったのだ。この時期は、北ドイツのルター派（これが今は福音派。エヴァンジェリストと呼ばれる）の貴族たちが、最前線でずっとＨＲＥ（神聖ローマ帝国《ホウリー・ローマン・エムパイア》）とローマ・カトリック教会の総本山（ヴァチカン）と戦っていた。

このアルマダ戦争（無敵艦隊戦争）でスペインが負けた（戦艦の半分が沈没した）ことが、それからちょうど２００年後にアメリカ独立戦争の時に、復讐（戦）となって現れた。ジョージ・ワシントンたちの独立軍に対してイギリス（大英帝国）が大戦艦隊をアメリカに送った（ヨークタウンの戦い。１７８１年）ときに、スペイン艦隊がその隙《すき》（防衛力が低下。首都ロンドンの守りが空っぽ）を突いてロンドンを襲撃しようとした。だからイギリス国王ジョージ３

世が震え上がって、アメリカ独立勢力（13の植民地州）に屈服して、停戦（シース・ファイア）し和平交渉（ピース・トークス）してイギリス艦隊を引き帰させた。だから本当は、アメリカ独立軍はヨークタウンの戦い（1781年10月）まではずっと負けていたのだ。イギリスのロイアル・アーミーの正規軍に、あんな独立軍の植民者たちのゲリラ戦の貧弱な武器で勝てるわけがなかった。ヨーロッパの大きな国家対立がアメリカの独立を許したのだ。

こういう大きな目を日本の歴史好きたちがそろそろ獲得し（身に付け）なければいけない。だから、ヨーロッパ近代史を私、副島隆彦が横に横につないで、この時、他の主要国がどう動いていたかを同時並行で描くことを、この本でやってみせている。ただし、この複雑理解ができるだけの脳（知能）を読者ひとりひとりが持ち、何とか出来るか。今のところ、日本の知識人層では、ある国の歴史を勉強したら、それだけで手いっぱいで、他の国との大きな深い関係にまで頭が回らない。私がそれを何とか突破してやる。

あとの普通の本読み（読書人）たちは、小説のような、単線（リニア）の進行で、登場人物が事件を続けてゆくだけの、分かり易《やす》い筋立《ストーリィ》てでないと脳（頭、思考力）が堪《た》えられない、という問題になる。このことは如何《いかん》ともし難《がた》い。

このアメリカ独立戦争の大きな真実は、私が書いた『本当は恐ろしいアメリカの思想と歴史』（秀和システム、2020年）に載っている。

フランシス・ベイコンがシェイクスピアだ

F・ベイコンは本当に大《だい》知識人だった。『ノヴム・オルガヌム』"*Novum Organum* 1620"、「人間という新しい機械」という思想書を書いた。この1620年代に、このベイコンの秘書《セクレタリ》をしていたのがトマス・ホッブズ（Thomas Hobbes、1588-1679年、91歳で死）だ。ホッブズもまた大《だい》思想家だ。啓蒙思想《エンライトンメント》から生まれた社会契約論の中で、ホッブズの社会契約《ソウシャル・コントラクト》論が一番優れている。ホッブズは、10年間ぐらいパリに逃げていた。この時、大著『リヴァイアサン』"*Leviathan*, 1651" という国家論を書いた。彼はパリにいた時、1625年にすでに大《だい》思想家だったルネ・デカルト（René Descartes、1596-1650年、53歳で死）に会いに行った。ホッブズは、フィレンツェまでガリレオ・ガリレイ（Galileo Galilei、1564-1642年、77歳で死）にも会いに行っている。そしてガリレオがオランダにこの頃（61歳）来たようだ。この大きな真実が立証できると、ヨーロッパ思想（史）の最重要なところがつながる。この3人は1625年にオランダのハーグで会っていたようだ。

コンスタンティン・ホイヘンス（Constantijn Huygens、1596－1687、90歳で死）という、外交官で音楽家でもあった有能な人物がいた。政治家（国王ウィレム3世の養育係）でもあった。その息子がクリスティアーン・ホイヘンス（Christiaan Huygens、1629－1695年。66歳で死）という「ホイヘンス＝フレネルの原理」で有名な実験物理学者だ。この父ホイヘンスの家で会ったようだ。この史実を私は論究中だ。

このフランシス・ベイコンがシェイクスピアだ。ベイコンは1561年生まれ、1626年に死んだ。シェイクスピアのほうは✖1564年生まれで、✖1616年に死んだとされている。これは従ってウソだ。何がおかしいかというと、まずシェイクスピアを革職人の息子という話にでっち上げたことだ。ストラトフォード＝アポン＝エイヴォン（Stratford-up-on-Avon）という、ロンドンから西に100キロ先のケンブリッジ大学都市の、さらにその50キロぐらいのところの川のほとりの町だ。今でも有名なところで、私は行ったことがないけども、1年中観光客が来る。その生家とされる家が残っている（本書15ページの写真）。本当は誰のものだったか分からない。ロンドンに出てきて劇場の客たちの馬の係りから劇団の団員になった。そして、その人間があれだけのたくさんの傑作劇を創作しましたって、普通

同時代人の大《だい》天才ホッブズ、ガリレオ、デカルトの３人は、1625年にオランダで３人で会っていた

トマス・ホッブズ
(1588－1679)

ガリレオ・ガリレイ
(1564－1642)

ガリレオと同じく『宇宙論（太陽中心説）』を書いた

ルネ・デカルト
(1596－1650)

は考えられない。貴族たちのことを分かっていない。学歴も教養もない人間にそんなことは不可能だ。

なのに、今でもシェイクスピアというのはストラトフォード＝アポン＝エイヴォンの平民（自由農民《ヨーマンリー》）の子供だと、わざと500年間言い続けている。世界中の大学の英文科の授業でそのように教え続けている。バカなんじゃないの、この人たちは。と、私はひとりで嗤《わら》っている。なぜ、そう主張し続けたのか。そこが分からなければいけない。なぜそうしたか分からないとこの私が言ってはいかん。やっぱりエリザベスの秘密がばれないようにしたのだろうとしか考えられない。計画的に嘘で塗り固めて、無理やりそうしてしまったのだ。

フランシス・ベイコンは政治家をやりながら、忙しい。忙しい合間によくもあれだけの本を書けたものだと、私が本気になって調べなければいけない。アメリカの作家のマーク・トウェイン（Mark Twain、1835－1910年、74歳で死）がそう言っている。この他に、フリードリヒ・ニーチェ（Friedrich Wilhelm Nietzsche、1844－1900年、55歳で死）がそう書いている。どうもシェイクスピアはベイコン卿であると。ベイコンでなく、当時有名な

フランシス・ベイコン
Francis Bacon
（1561-1626）
（シェイクスピアでもある）

イギリスの哲学者、政治家。ロンドンに生まれる。政治家 Sir Nicholas Bacon（1509-79）の次子。真実はエリザベス１世（28歳の時）の隠し子《バスタード》で秘かに貰《もら》われた。実の父親はウィリアム・セシル卿。

ケンブリッジ大学（1573-75）、パリに留学（76-79）、父の急死で帰国。弁護士（82）、ついで庶民院議員（84、23歳）。官職を望んだがなれず、エセックス伯の顧問（91）、『随筆集』*Essays*, 1597 でやや名声を得、実母 QE1の死の年（1603）にナイトに叙せられる。ついでジェイムズ１世王室弁護士（04）、検事長（07）、枢密顧問官（16）、国璽尚書《こくじしょうしょ》（the Seal Keeper, 17）を経て大法官（Attorney General, 18）に栄進。1620年主著『ノヴム・オルガヌム』*Novum organum*「人間という新しい機械」刊行（41歳）。ヴェルラム男爵（18）、聖オルバンス子爵（21）に叙せられた。間もなく収賄の疑いで訴追されて有罪、一時ロンドン塔に禁錮、一切の栄職を剝奪され、かつ多額の罰金を課せられた。同年末、罪を赦され、以後郊外の邸に隠棲、著作で晩年を生きた。だからこの時にシェイクスピアの後半の作品群を書いた。雪の防腐作用の実験中に病死。

彼は前記『随筆集』ですぐれた散文家として知られる。思想史上の業績は、学問の方法および態度を反省して、中世的学問の否定を企てた『学問の大革新』*Instauratio magna*, 未完。また「知識は力であるから」学問は自然に働きかける。そのためには自然に従う必要があるとして、「故に、故に」の従来の演繹的方法を斥け、empiric《エムピリック》という、経験から組み立てる帰納的方法（induction《インダクション》）を主張した。ここで捉えられる形相《けいそう》 forma　が自然を支配することを理想とする。その際、全ての先入見、即ち「幻想（妄想）」idola《イドラ》を除去する必要がある。これを種族、洞窟、市場、劇場の４種に区別したのは有名。諸学問の体系を、我々のそれぞれの能力の別、即ち記憶、想像力および知性に対応して、歴史、詩、哲学の３群に分け、更に「思弁的」と「作業的」への応用を区別した。

劇作家だったクリストファー・マーロウ説とか幾つかの説がある。だから真実は今も押し潰されている。
大事なことは、あれだけ王様や貴族の世界のことを革職人の息子が書ける訳がない。劇団員程度の経験で、あんな話は書けません。何を言うかという話であって、大《だい》知識人でなければ、あれほどに優れた人間洞察《どうさつ》に満ちた大作たちは書けない。『ロミオとジュリエット』が1595年、『ハムレット』が1601年、『オセロ』が1604年、『リア王』が1605年、『マクベス』が1606年に書かれている。この時期はちょうどフランシス・ベイコンの活動期そのものだ。ベイコンは仮面をかぶったまま、シェイクスピアという劇作家の名で作品を暇《ひま》を見つけて書いて劇団長（座長《ざちょう》）に送りつけたのだ。

シェイクスピアの作品にたいへん有名な『リチャード3世』（1593年）がある。リチャード3世（Richard III、1452-1485年、32歳で死）というのはシェイクスピアによって背骨が湾曲したせむし男だったとされる。映画に描かれたときもそうだ。自分が国王になろうとして、エドワード5世という、実兄（エドワード4世）の息子2人を、ロンドン塔に閉じ込めて水樽《みずだる》で溺《おぼ》れ死にさせた。そして1483年に自分が国王になった。

正直に国家の悪を書いて暴《あば》いたので、却《かえ》って尊敬された

トマス・ホッブズ

Thomas Hobbes

（1588-1679）

イギリスの哲学者。地方牧師の家に生。オックスフォード大学（1603-08）卒業。カヴェンディシュ卿（のちのデヴォンシャー伯）の息子の家庭教師。フランス、イタリア旅行に同行（1610-13、1634-37）。外国滞在合計20年。フランシス・ベイコンの秘書として、エドワード・ハーバート、ベン・ジョンソン、ガリレオ、ガッサンディ、メルセンヌと面会し交流した。中でもメルセンヌとデカルトの著作を研究する重要な機縁となった。早熟の天才デカルトよりは8歳上。フランス人のデカルトのほうが、すでにヨーロッパーの知識人として名声が有り、格が上だった。

クロムウェルの清教徒革命の動乱を逃れてフランスへ亡命。パリで著作活動（1640-51）。その著『リヴァイアサン』*Leviathan*, 1651（63歳）で、ローマ教会とイギリス国教会の権威を批判した。このために教会と王党派から激しく非難された。このため帰国はかえって容易になった。国教会＝国王と戦っていたクロムウェルたちから大歓迎され、1651年に大赦令で帰国、共和政のもとで平静な学究生活をした。

1660年の王政復古後は、帰って来たチャールズ2世（パリで家庭教師《チューター》だった）に慕われて、デヴォンシャー家で幸福な晩年。ホッブズは、何とクロムウェルらに処刑された父チャールズ1世の家庭教師もしていた。

ホッブズの体系は、物質論、人間論、国家論に分かれる。物体（物質）だけを対象とする彼の哲学は神学を拒否した。これが英国エンピリシズム（経験重視主義）となり、師のベイコンを引き継ぐ。すべての知識の起源は物質の微小部分の運動によって起こる感覚であるとする。この感覚《センス》だけが実在するとする。そして人間は新型の機械である論の立場に立つ。人間に自由意志はない（ここでユニテリアンである）。最高の善は自己を守ることだ。国家そのものは利己的動物として動く。国家の保存のためなら多くの国民を死なせても構わない。人間の原始状態は「万人の万人に対する戦い」Bellum《ベルム》 omnium《オムニウム》 contra《コントラ》 omnes《オムネス》 だから自己の自己防衛のために秩序を尊重することが大事とした。そのために国家の主権者（国王）は、世俗の権力を無制限に保持していいとした（ここは保守主義）。

しかしこのせむし男（だったかは不明）の嫌われ者は、みんなの反発があって、結局、フランス王家の血も引くヘンリー7世（Henry VII、1457-在位1485-1509年、52歳で死）が2年後の1485年、ボズワースの戦いでイギリスの海岸に上陸したところで、リチャード3世が負けて落馬した。このとき、「馬をくれ、馬を、馬一頭でわが王国をくれてやる」という有名なせりふがシェイクスピア作の中にある。こんな話を元農民の革手袋職人の息子が書けるはずがない。

ベイコンが失脚し、実のお母さんであるQE1が1603年に死んだ。その後はスコットランドの国王が、そのままジェイムズ1世（James I、1566-在位1603-1625年）という形で国王になる。なぜならエリザベスには子供がいなかったから。このジェイムズ1世（穏やかな人格）がフランシス・ベイコンをものすごく大事にした。エリザベスの実子だと知っていたからだ。それで、ベイコンが総理大臣みたいになる。だが1621年には失脚して引退して、その後も5年生きている。この時期に政治論文を書いた。天才だからシェイクスピアの主要な大作をベイコンが1611年（50歳）までに全て書いた。この真実はどうせ日本国民に教えなければいけないことだ。だから私がこの本を書いている。

第2章

プロテスタント運動とは、「男女の愛（性欲の自由）と金儲け（商業の自由）を認めろ」の闘争だ

エリザベスの父、ヘンリー8世は天才

この章では、第1章でずっと説明したエリザベス1世の父親の話をする。この人が〝天才〟ヘンリー8世である。この国王は幼い時からの英才教育で、自由思想（人文《じんぶん》教養。Humanities ヒューマニティーズ）を植えつけられた。わずか8歳のときに、オランダからエラスムスという大《だい》思想家が呼ばれて、家庭教師《チューター》をした。エラスムス（Erasmus、1466－1536年、69歳で死）がどれくらいヨーロッパ全体で当時高い尊敬を集めていたかは簡単には説明できない。エラスムスは生涯、ローマ教会には決して楯《たて》つかなくてケンカしなかった。カトリックの偉い高僧たちとも付き合った。自由にローマ語（ラテン語と言うな）とギリシア語がスラスラと読めて書けたから、超《ちょう》一流言論人だった。ところが、エラスムスが住んだ都市で、民衆がローマ教会と国王に逆らって暴動（民衆争乱）を起こそうとした。エラスムスはすぐにそこから逃げた。彼は民衆を煽動《せんどう》したり、唆《そそのか》したりしていない。ここが面白いところだ。それでもエラスムスが書いた『痴愚神礼賛《ちぐしん》』という本は当時ものすごく読まれて、上層の民衆（字が読める人たち）にたいへんな人気があった。この『痴愚神礼賛』“*Moriae*

本当にこういう人だったらしい。自信たっぷりの名君だ。頭がすごくよかった。ちょっと立派すぎる肖像画だ

ヘンリー8世(1491 - 1547)

encomium, 1511〟「モリエー・エンコミウム」を読むと、本当に漫才のようなことがいっぱい書いてある。カトリックのお坊さん（神父）が、中年の貴族の女と仲良くなって性行為をしたり、商人たちのエロ話を含めた猥雑《わいざつ》な人間関係がたくさん描かれている。これが当時受けたはずだ。ボッカッチョ著の『デカメロン（10日間物語）』（1469年刊）と同じだ。誰もそれに角《かど》を立てて怒ったりできなかった。カソリックの慇懃《いんぎん》無礼《ぶれい》の高僧たちでも、自分たちのみっともない実像として受け入れていた。

このエラスムスがロンドンの王宮に招かれて、王太子で後のヘンリー8世に人間の自由とはどんなものかを教えた。一言で言えば、男女の愛の世界の素晴らしさをそれとなく教えた。エラスムスをイギリス王室に招いたのはトマス・モア（Thomas More、1478-1535、57歳で死）である。この人が『ユートピア』〝*Utopia*, 1516〟（どこにもない国という意味）という有名な理想郷《エルドラド》の空想《くうそう》小説を書いた。みんな名前だけは知っているでしょ。このトマス・モアも有名なイギリスの政治家で自由思想家だった。だから、プロテスタント（カトリックへの抵抗派）である。

ここで話をずっと飛ばすが、30年後にヘンリー8世が、自分の後継ぎの王子が欲しいものだから、お妃を取り替えた。ヘンリー8世は自分の自由意志《フリー・ウィル》で、何人もお妃候補を処刑した

この２人も、ヨーロッパ自由思想家の偉い人みたいに言われているが大したことはない

『痴愚《ちぐ》神礼讃』（1511年刊）の著者として有名。この支配階級の性の乱れの真実暴露が大いに受けただけで、大した人物ではない。このエラスムスとぶつかったルターの方がやっぱり大物だ

エラスムス
（1466－1536）

『ユートピア』（1516年刊）も書いたが、それは発見されたばかりの北米インディアンたちの原始的な部族社会を人類の理想状態だと、大きく勝手に描いただけだ。この思い込みがルソーに伝わって、「自然に帰れ」というトンでもない狂った過激思想につながった

トマス・モア
（1478－1535）

ことで有名だ。しかし、決して残忍な男ではない。堂々たる立派な国家統治者である。独裁者とも言えるが。ヘンリー8世にしてみれば、いちいちローマ教皇の許可をとって、「私の離婚を認めてください」などと許可をもらうこと自体が不愉快だった。だから、トマス・モアが宰相（総理大臣）として、「王様。あんまりローマの教皇様《ポープ》に逆らってはいけません」と言ったものだから、ヘンリー8世は「何を言うか。お前が私に自由思想をたくさん教育したじゃないか。私が、男女の愛を正直に実践したからといって、何が悪いんだ」と激しく怒った。だから、トマス・モアの首をちょっきんで死刑にした（1535年7月）。この事実だけは割りとみんなに知られている。

私の断言的な判断では、ヘンリー8世が正しい。絶対に正しい。あんなトマス・モアなんか死刑になって当然だ。国王の足を引っ張るなど、やってはいけない。自分が先頭に立ってローマ教会と理論《セオリー》で闘うべきなのに。ローマの坊主たちの威張り腐った者たちの言うことなんか聞く必要はない。カトリックの高僧たちは皆、偽善者で、隠し子をたくさん作っていた。みんな自分のネフュー（甥っ子）ということにしていた。だからヘンリー8世が正しいのだ。当時のヨーロッパ中の民衆もそのように思い始めていた。だから、ヘンリー8世がローマ教会と闘ったのは当然だ。

エリザベス1世の母親は、ヘンリー8世の2番目の妻アン・ブーリン

ヘンリー8世
(1491－1547)

侍女だったアン・ブーリン(1501－1536)
“1000日の王妃”

エリザベス1世
(1533－1603)

姉のメアリー1世“ブラディ・メアリー”とは母親が違う。従姪のメアリー・ステュアートはスコットランド王女だったが、逃げてきていた。

ここでAct《アクト》 of《オブ》 Supremacy《シュープレマシー》（首長令《しゅちょうれい》）を出した。国家の最高の権力者は国王だ。国王を超える権力《パウァ》は存在しない。ローマ法王のことなんか聞かなくていいんだ。この首長令（国王至《し》上令《じょうれい》）が、おそらくヨーロッパで初めてのネイション・ステイト（国民国家論）の始まりだ。国家を超える権力はない。国家主権《しゅけん》（Sovereignty、ソヴリーンティ）を超える力は存在しない。世界政府（ワールド・ガヴァメント）など無い。

だから今の北朝鮮だって、国連の言うことを聞けなどと言われる必要はない。国家権力者（国王や大統領）に上から命令を出せる権威はない。ただし、国連（The《ザ》 UN《ユーエヌ》 本当は連合諸国）は世界の秩序を守るためと言い訳《わけ》してPKO《ピーケイオウ》、peace keeping operation（平和維持活動）という名の、国際的な強制執行（共同軍事行動。国連憲章52条）を実施することがある。だがそれでも、国連は世界統一政府ではない。だから今の今でも、国家を超える政治権力は存在しない。

だから、ヘンリー8世がローマ教会から分裂する戦いは、原理的なものなのだ。この時、ロンドンのプロテスタント側に付いた高僧たちが「お前たちローマ教会こそは、イエス・キリストの思想に逆らっている許し難い反《はん》キリスト。すなわちアンチ・クリストの背教者（レネゲイド）の集団である」という宣言文を出した。この時からアングリカン・チャーチ（イギリス国教会《こっきょうかい》、聖公会《せいこうかい》とも言う）という新しい宗派がイギリスに生まれた。日本人に分かり易く言えば、たとえば立教大学がこのイギリス国教会の宗派である。立教の応援歌は「セイント・ポール（教会）は今夕輝く」St. Pall will shine tonight. である。セイント・ポール教会（修道院）はウェストミンスター大聖堂の次の教会だ。そしてローマのサン・ピエトロ大聖堂と同格である、という対抗関係が生まれた。

　イギリス国教会と国王至上《しじょう》令（国王が最高権威）を、実際に実行に移したのは、ヘンリー8世の娘のエリザベス1世の時である。英国王がローマ法王と同格の神格《しんかく》（persona ペルソナ）を持つとする。だが、21世紀の今では、人類の諸悪の根源はローマ・カトリック教会（ヴァチカン）と、このイギリス国教会である。これは私、副島隆彦の考えである。私はウクライナ戦争が始まったあと、ついに怒りに駆られて「こんなに欧米の西側が巨大なウソつきと偽善の集団であるのだから、ロシアのプーチンよ。ヴァチカンとウェストミンスター大聖堂（その裏側の一部がイギリス議事堂、ビッグ・ベンである）に核兵器を落としてくれ」、とまで書いた。これ以上のことはこの本では書かない。

　このことは拙著『プーチンを罠に嵌め、策略に陥れた英米ディープステイトはウクライナ戦争を第3次世界大戦にする』（秀和システム、２０２２年7月刊）に書いた。

カルロス１世(カール５世)
もこの結婚に反対した

この結婚に反対したトマス・モア（ヘンリー８世の家庭教師）は処刑。

アン・ブーリン
(1501 – 1536)
"1000日の王妃"
ヘンリー８世の２番目の妻

1536年、国王暗殺容疑と姦通、近親相姦ならびに魔術の容疑で斬首刑で死亡。

ジェーン・シーモア
(1508 – 1537)
ヘンリー８世の３番目の妻

1536年、アン・ブーリンの処刑の10日後にヘンリー８世と結婚。翌年、エドワード王子を生むが、産褥死。ヘンリー８世はその後、３人の女性と次々と結婚・離婚する。最後はキャサリン・パーが看取った(1547年)。

メアリー・チューダー
(1496 – 1533)

フランス王
ルイ12世
(1462 – 1515)
ヴァロア朝
アンリ２世の母方の祖父フランソワ１世の義父

❸

エドワード６世
(1537 – 1553)
在位1547 – 1553
王位６年で死

❹　孫

ジェーン・グレイ
(1537 – 1554)
在位わずか９日間でメアリー１世に廃位され、７か月後、大逆罪で斬首刑。

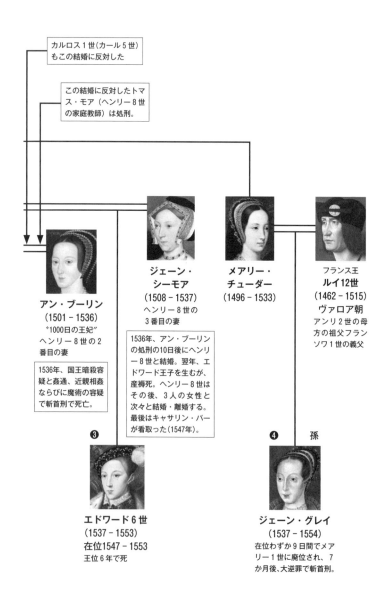

チューダー朝の王たち

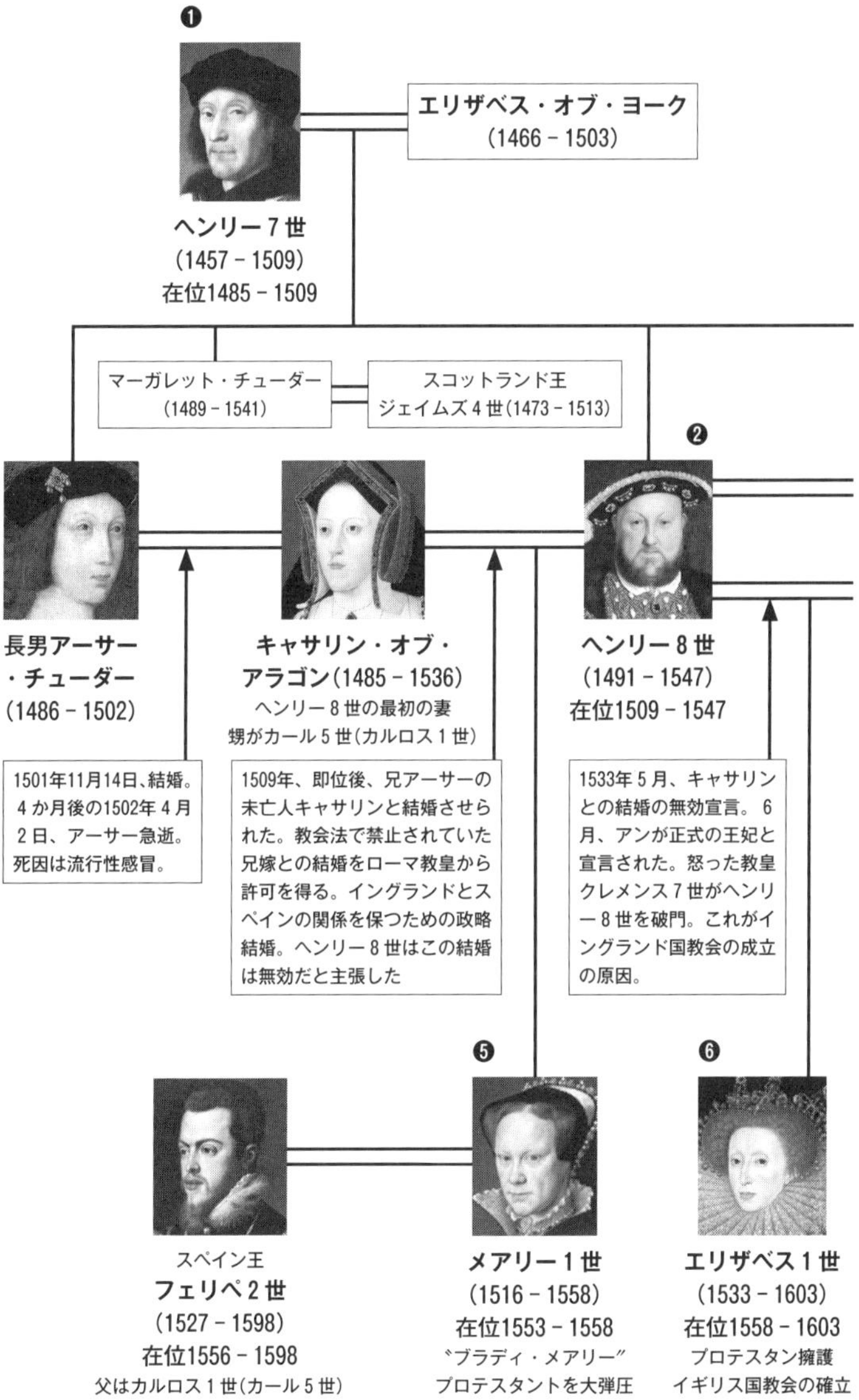

❶
エリザベス・オブ・ヨーク
(1466 - 1503)
ヘンリー7世
(1457 - 1509)
在位1485 - 1509
マーガレット・チューダー
(1489 - 1541)
スコットランド王
ジェイムズ4世(1473 - 1513)
❷
長男アーサー・チューダー
(1486 - 1502)
キャサリン・オブ・アラゴン(1485 - 1536)
ヘンリー8世の最初の妻
甥がカール5世(カルロス1世)
ヘンリー8世
(1491 - 1547)
在位1509 - 1547
1501年11月14日、結婚。4か月後の1502年4月2日、アーサー急逝。死因は流行性感冒。
1509年、即位後、兄アーサーの未亡人キャサリンと結婚させられた。教会法で禁止されていた兄嫁との結婚をローマ教皇から許可を得る。イングランドとスペインの関係を保つための政略結婚。ヘンリー8世はこの結婚は無効だと主張した
1533年5月、キャサリンとの結婚の無効宣言。6月、アンが正式の王妃と宣言された。怒った教皇クレメンス7世がヘンリー8世を破門。これがイングランド国教会の成立の原因。
❺
❻
スペイン王
フェリペ2世
(1527 - 1598)
在位1556 - 1598
父はカルロス1世(カール5世)
メアリー1世
(1516 - 1558)
在位1553 - 1558
〝ブラディ・メアリー〟
プロテスタントを大弾圧
エリザベス1世
(1533 - 1603)
在位1558 - 1603
プロテスタン擁護
イギリス国教会の確立

このようにヘンリー8世という人は、自分がプロテスタントになったわけではないが、ローマ教会のやることがあまりにも穢《きたな》くて人々を騙して、神父たちが私腹を肥やして、自分たちの権威に屈服させようとするので、それに対して怒ったのだ。

このヘンリー8世の父親のヘンリー7世からをチューダー朝という。これは今のアメリカ人たちからも「チューダーの恐ろしい王たち」と呼ばれている。ヘンリー8世を含めて残酷な王たちで、自分に逆らうプロテスタント（新教徒）の中の急進派（ノンコンフォーミスト nonconformist 非《ひ》国教会系）をたくさん殺した王様だ。

このヘンリー7世が、せむし男のリチャード3世たちから逃げ回って、フランスに逃げていた。この人がヨーク家の内紛で、リチャード3世が自分の甥たちが正しい国王継承者（ヨーク家）だったのを、樽の中に入れて水責めで殺した。それで次の王位継承者のヘンリー7世が上陸して、ボズワースの戦い（1485年）で勝利して、チューダー（家）王朝を開いた。

この人がマーク・トゥエイン（Mark Twain、1835－1910年、74歳で死）の『王子と乞食（ポーパー）』（1881年）という、有名な小説の王子様だった。乞食のふりをしてなんとか逃げ回っていた少年の話だ。「私が次のイギリスの国王である」と言った。ヘンリー7

抜群に頭がよかった

ヘンリー8世

Henry VIII

（1491-1547）

ヘンリー7世の次子。亡兄アーサーの妻（アラゴンの）キャサリンと結婚（1509）。神聖同盟に加わってフランスに対抗し、自ら軍を率いてフランスを破った（13）。またイギリスでは、スコットランド王ジェイムズ4世（1473-1513）を敗死させた。トマス・ウールジーを大法官に任命（15）、教皇レオ10世から「信仰保護者」Fidei Defensor という称号を授けられた。外交に関しては、終生フランス王フランソワ1世とスペイン王カルロス1世（カール5世）を操って勢力の均衡を図るに努めた。キャサリンとの離婚を企て、ウールジーが教皇からその許可を得るのに失敗したので、彼を罷免し、トマス・モアを大法官に叙した。やがて王はひそかにアン・ブーリンと結婚し（33）、両者の間にのちのエリザベス1世が生まれた。

キャサリンとの離婚問題について教皇と長い間争い、遂に首長令を発して（34）英国教会の首長となり、イギリスにおける教会と聖職者とを監督した。モアが王の首長権を否認したので彼を処刑し（35）、国内の修道院を圧迫し、またカトリック教会の特権および財産を没収した。アン・ブーリンを姦通罪の廉《かど》で斬首し（36）、ジェーン・シーモアと結婚（36）、シーモアの没後（37）、（クレーヴズの）アンと結婚（40）、同年離婚、キャサリン・ハワードと結婚（40）、姦通の廉でこれも斬首し（42）、最後に賢夫人キャサリン・パーと結婚した（43）。

王はスコットランドを併合しようとして果たさず、またフランスのスコットランド干渉を妨げるためカルロス1世（カール5世）と結んでフランスを討った（40）が、カルロス1世の単独講和により危機に陥り、治世最後の2年は、ルター派の諸侯と結ぶに努めた。しかしプロテスタントに対しては終生嫌悪の情をもった。治世中は中央集権制をとり、議会の勢力を発揮させ、また海軍力を増大した。晩年は残虐に陥ったが、概ね大きな民望を得た。

世は本当に友達の貧しい少年たちとうろついていたらしい。原題は『プリンス・アンド・ポーパー』 “*The Prince and The Pauper*, 1881” という。乞食をポーパー（pauper）ともいう。

その次、1509年に即位した（18歳）のがヘンリー8世（Henry VIII、1491-1547年、55歳で死）で、これがイギリスで一番有名な王様だ。このヘンリー8世の娘（次女）が、エリザベスⅠ《ファースト》だ。これをなかなかみんなが分からない。ヘンリー8世という王は非常に頭のいい人で、少年時代から新教徒教育という、自由主義教育を受けた。再説するが、先生は養育係のトマス・モア（Thomas More、1478-1535年、57歳で死）という優秀な知識人だ。このモアがオランダからヨーロッパ最高の知識人と言われたエラスムス（Desiderius Erasmus Roterodamus、1466-1536年、69歳で死）を招いて、ヘンリー8世の少年時代に教育している。それから文通をした。自由思想というのを教えている。人間には自由な意思があり、自由な生き方ができるという、近代思想の最初のものがこの時現れた。

だけどこのヘンリー8世は、スペインからもらった奥さん、キャサリン・オブ・アラゴン（Catherine of Aragon、1485-1536年、48歳で死）が大嫌いで、離婚したいと言い出した。そして、男女の愛の思想によって王は、何人も愛人を持っていいを実践した。ここからの話は少し複雑だ。

もともとキャサリンは、ヘンリー8世の兄アーサー王太子の妻だったのだが、兄が急逝《きゅうせい》したため、弟のヘンリー8世が新たな王太子の妻としてキャサリンを迎えた。それはスペイン王室との関係を維持するためであり、教会法では兄の妻との結婚はできなかったのだが、理屈をつけてローマ教会が無理やり認めさせた。しかし、当のヘンリー8世はそんなオバさんと結婚したくなかった。だからローマ教会と喧嘩して、1533年に強引にキャサリンと離婚した。

この時、1534年に、ヘンリー8世が、ローマ教会とは別にイギリス国教会（Church of England）を作ると宣言した。単に離婚したい、と言ったのではなくて、正確には最初から元々その結婚はなかった。無効だ、とヘンリー8世は主張した。法律学の用語で遡及《そきゅう》というのだが、さかのぼって自分で無効にした。ローマ法王には王たちの結婚を認める権限があると成っていたからだが、「そんなもの認めない」とヘンリー8世は言って、喧嘩になった。ヘンリー8世は、そもそも結婚にローマ法王の許可なんか要らないと言った。

このキャサリンとヘンリー8世の間に生まれた長女が、何度も前出したメアリー1世

（Mary I of England）〝ブラディ・メアリー〟である。

ヘンリー８世は１５３３年にキャサリンと強引に離婚すると、アン・ブーリン（Anne Boleyn、１５０１-１５３６年、35歳で死）という、映画『１０００日のアン』*Anne of the Thousand Days*（１９６９年）のとおり、王妃になって１０００日で絞首刑にされたアンと２度目の結婚をする。このアン・ブーリンとの間に生まれた子供がエリザベス１世だ。

アン・ブーリン処刑の10日後、３番目に結婚したのがジェーン・シーモア（Jane Seymour、１５０８-１５３７年、29歳で死）という侍女《じじょ》（コートメイド）あがりの愛人で、このジェーン・シーモアとの間に生まれた子供が長男坊のエドワード６世（Edward VI、１５３７-１５５３年、15歳で死）だ。このエドワード６世、長男坊は、王になって６年で、たった15歳で死ぬ。


だから、子供の頃のＱＥ１は、ずっと命からがら逃げ回っている。何故なら王位継承権者だから敵たちに命を狙われた。彼女は新教徒教育を受けていた。逃げ回っている時は、セシルたち新教徒の貴族たちに守られていた。そのエリザベス女王は生涯、誰とも結婚しなかった。彼女が14歳のとき、父ヘンリー８世が死んで、最後の王妃のキャサリン・パーが誠実に看取《み》った。キャサリン・パーは、自由思想（男女の愛）を学んだ優れた女性で、王が死ぬとすぐに、トマス・シーモア（21、39ページに写真）というハンサム男と田舎の城に、遺産を貰ってさっさと逃げた。キャサリンは、この時、実の母のように面倒を見ていたエリザベスを連れて行った。この行った先のお城で、トマスに犯された（前述した）。怒ったキャサリンにこの城を追い出されて、14歳から王位に就く11年間（25歳）、ずっとプロテスタント貴族たちに匿《かくま》われて生き延びた。この中に、前記したウィリアム・セシル（35ページに写真。37ページにプロウファイール有り）がいて、以後、40年間、このセシルが本当のエリザベスの夫である。そして2人は、W・ベイコン（シェイクスピア）を作った（1561年）。全て話がすっきりと合う。さあ、みなさんどうですか。

エリザベス1世女王が最後のチューダー朝となる。

♛プロテスタントとは「男女の愛（性欲の自由）を認めよ」だ

ヘンリー8世（Henry VIII、1491－1547年、55歳で死）は極めて優秀な人間だった。政治の天才だ。自分の育ての親のトマス・モアが、「法王にあまり逆らわないように」と忠告したら、「私に自由思想を教えたのはお前ではないか」とトマス・モアを首ちょっきん（処刑）にした（1535年）。これは前にも書いたが、たいへん素晴らしい判断である。自由思想と言ったって、保守返りするやつがいる。イギリスは、ローマ・カトリック教会の支配から離れた。そして、英国国教会をヘンリー8世が創立宣言した。英国国教会が実際に制度・体制として作られたのは、娘のエリザベス1世の時である。それが、国王至上法（Act of Supremacy、首長令）と礼拝統一法（Act of Uniformity）（1559年）である。

わざと話を日本にずらして教えておくが、ちょうどこの頃、織田信長が桶狭間《おけはざま》の戦い（横っ腹から襲撃した）で今川義元の首を討ち取った。1560年5月19日である。後期《こうき》戦国時代（いわゆる戦国時代）の始まりである。

同じローマ・カトリックでも、イギリスのカンタベリーの大司教《アーチビショップ》のトマス・クランマー（Thomas Cranmer、1489－1556年、66歳で死）はヘンリー8世側について離婚を認めていた。

ここでもう1つ大事なことは、ヘンリー8世が闘っていたこの時（1533年から）、北ド

マルティン・ルター
（1483 - 1546）

フリードリヒ賢明公（デア・ヴァイゼ）（1463 - 1525）

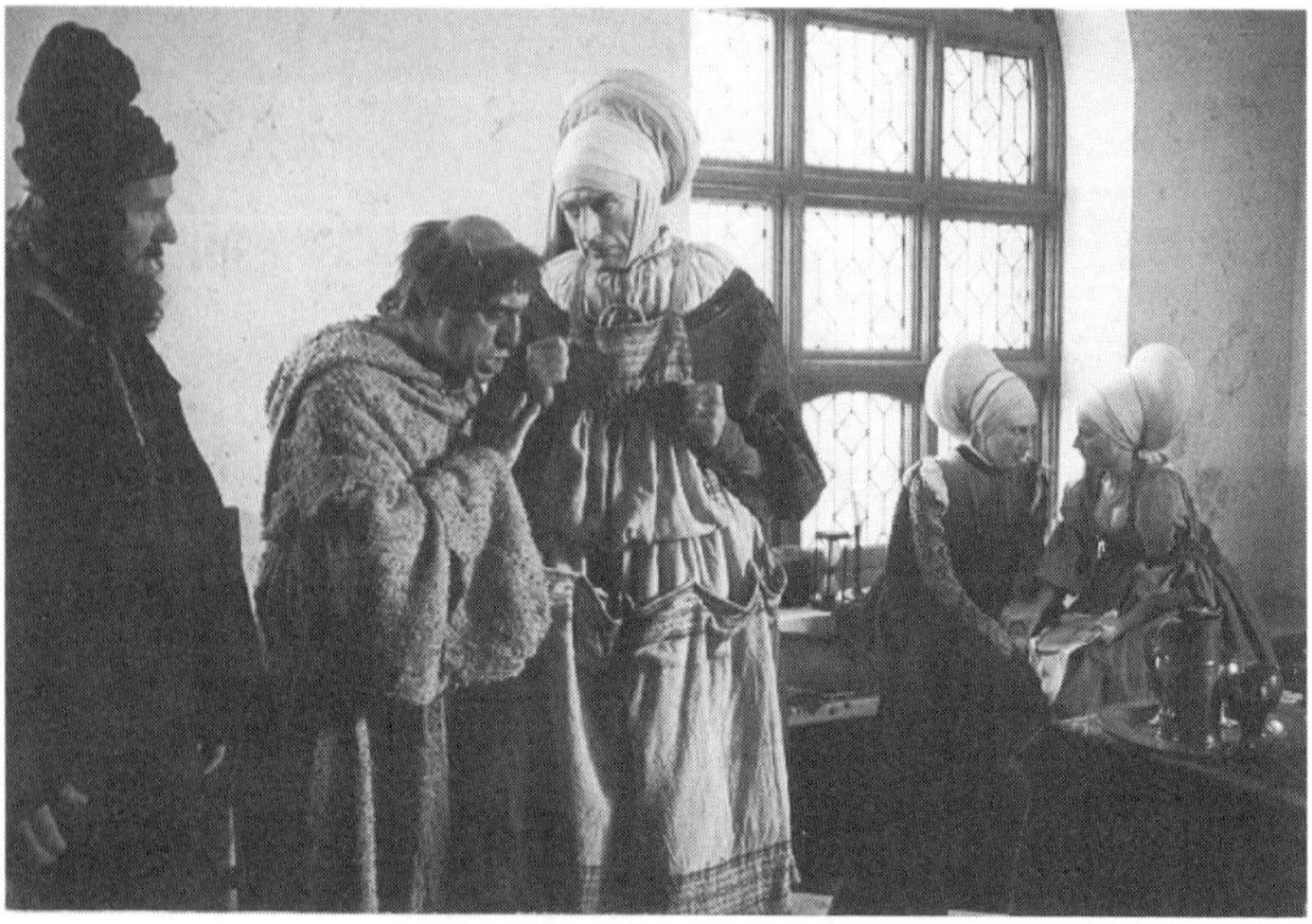

旦那：お前、マルティンがうちのスプーンを見たいんだとさ。
奥方：スプーンなら私のを見せてあげるわ。
ルター：おお、何と親切な。できれば娘さんたちのを見せて欲しいですな。
奥方：何ですって。あなた、この人を追い出して。
旦那：母ちゃん、マルティンはただ娘たちにスプーンを出して欲しいだけだよ…（スプーンには女性の性器の意味もある）
奥方：まるで私がここで売春宿をやってるみたいな言い方はやめて。
ルター：僧侶の私になんてことを言うんですか。
奥方：どうせ、お坊さまは、私の娘たちのスカートを捲《まく》し上げて、椅子に押し倒して、脚を開こうって考えてるんでしょ。
旦那：母ちゃん、そう興奮するな。
奥方：誰が興奮してるの？　興奮してるのはこの男でしょ！
ルター：私はただ皆さんのスプーンを見たいだけで。
旦那：俺はひとっ風呂浴びてくるわ。
奥方：あなた、私を一人にする気？　私は人妻よ！
（旦那去る）
奥方：それで、お坊さま、私には何もしないおつもり？
ルター：奥様、これは図星だ。
（奥方とルター。２人は娘たちに気づかれないようにそうっと別の部屋に退出する）
（ナレーション）こうして、快楽としての性を禁圧するカトリックに抵抗するプロテスタントの世俗内禁欲思想（innerweltliche Askese、インナーヴェルトリッヒェ・アスケーゼ）の多大な努力にもかかわらず、子供はいたるところで増え続けたのでした。

マルティン・ルターは僧侶なのに尼僧たちにも子供を生ませた。豪快な男だ。プロテスタント運動の真髄《しんずい》は「男女の愛を認めよ」（性欲の自由）の闘争だった

1969年から80年代にBBCで活躍したイギリスの天才コメディ集団モンティ・パイソン（その後一時再結成）の1983年「マルティン・ルターの冒険」の一場面。

女好きの「ルター修道士がウチにやって来る」と騒ぐ母親。押しかけて来たマルティン・ルターと、娘たちを隠そうとする母親のドタバタ喜劇。

中央の天頂ハゲの男がマルティン・ルター。妻帯しただけでなく、修道女（尼さん）の愛人までいた。このルターの真実の姿を、今のヨーロッパ人は知っている。これが日本の知識人層に全く伝わっていない。「宗教改革」とあれこれ難しそうに解説するな。

https://www.youtube.com/watch?v=YXzubuENjHk

（1483－1546）

イツではマルティン・ルター（Martin Luther、1483-1546年、62歳で死）たちが闘っていたのである。「1517年宗教改革の始まり」の年号ぐらいは知っているでしょ。え、知らないの？　読者人を気取って、いっぱい本だけは読むのに、何にも頭に残さないのだ。年号ひとつ覚えようとしない。脳に傷をつけるように「1517年宗教改革（ザ・リフォーメイション）」と覚えなさい。

ルターは北ドイツの国王というほどではないが、藩主クラスのフリードリヒ賢明公（Friedrich III、あるいは Friedrich der《デア》 Weise《ヴァイゼ》 von Sachsen、1463-1525）たちによって守られた。ルターがカトリック神父の暗殺部隊に殺されないように、ヴィッテンベルクの平地の教会から移して山の上のお城に匿《かくま》った。

マルティン・ルターがどれだけ女好きであったかは、本書71ページのコラムを見てください。ルターは今でもドイツ国民から慕われている。ドイツ農民魂《たましい》を持った豪快な男と言われている。ルターが95カ条の質問状（命題、テーゼ）を教会の門の扉に貼り付けて、ローマ教会を糾弾した。ルターより100年前に同じような抗議者（プロテスタント）をやった先駆的な僧侶がチェコのヤン・フス（Jan Hus、1369-1415）である。彼は策略でローマ教会にコンスタンツに呼び出されて殺された。

もうひとりの先駆者は、フィレンツェのルネサンス運動で一番若い過激な知識人である、ピコ・デラ・ミランデラである。彼は９００カ条の命題（質問状）としてローマの高僧たちに叩きつけている。ミランデラは狂い死にした（１４９４年、31歳）。

エリザベス女王とルターとまったく同じときに、フランスに、アンリ2世（Henry II of France、１５１９－１５５９年、40歳で死）とそのお妃のカトリーヌ・ド・メディシス（Catherine de Médicis、１５１９－１５８９年、69歳で死）がいる。第3章で書くフランス国最大の秘密（恥部《ちぶ》）である「ルイ14世（太陽王）の本当の父親は誰か」の問題より50年早い。カトリーヌ・ド・メディシス（メディチ）は、イタリアのルネッサンス運動の最高級の知識人にして指導者であった華麗なるマニーフィコ（ロレンツォ）のひ孫であるにもかかわらず頭が悪くてブスだった。カトリーヌ・ド・メディシスが頑迷な女で、フランスのユグノー教徒（プロテスタント）をたくさん殺した。それがフランスにとって悲劇であった。カトリーヌは旦那のアンリ2世が他の女たちと愛情生活をやっているのを見て、嫉妬に狂っていったので、カトリックの愚劣な体制思想にのめり込んだ。女なんてこんなもんだ。

息子のアンリ3世（Henri III、１５５１－１５８９、37歳で死）が幼くして国王になったものだから、摂政（リージェンシー）になって政治を動かした。

だから、私がこの本で横に横に話をつなげることが日本国にとってとても重要なことなのだ。この本がただのヨーロッパの王様たちの解説本だと思うなよ。副島隆彦の天才は、ここで簡単に言えば、横に横につないで見せる能力である。それをこの本で日本では初めて、今実行しているのだ。ところてん式に縦に縦に書いた「ある国の歴史」を書くだけならバカでもできる。ところが横に横につなぐことを考えた日本知識人はいない。ある事柄の専門家はいつも、特定の小さな世界のことしか知らない。それでみんな、即ち日本の読書人たちが大きな理解ができなくて困るのだ。

念を押して、もう一度書きますよ。

① イギリスの国家最大の秘密（恥部）は、1547年のエリザベス1世が初体験をした年である。

② マルティン・ルターが北ドイツで暴れ出して、やがて、シュマルカルデン同盟戦争になった。

③ フランスでこの時、ユグノー派が暴れだした。この時、あとで説明するアンリ4世のお

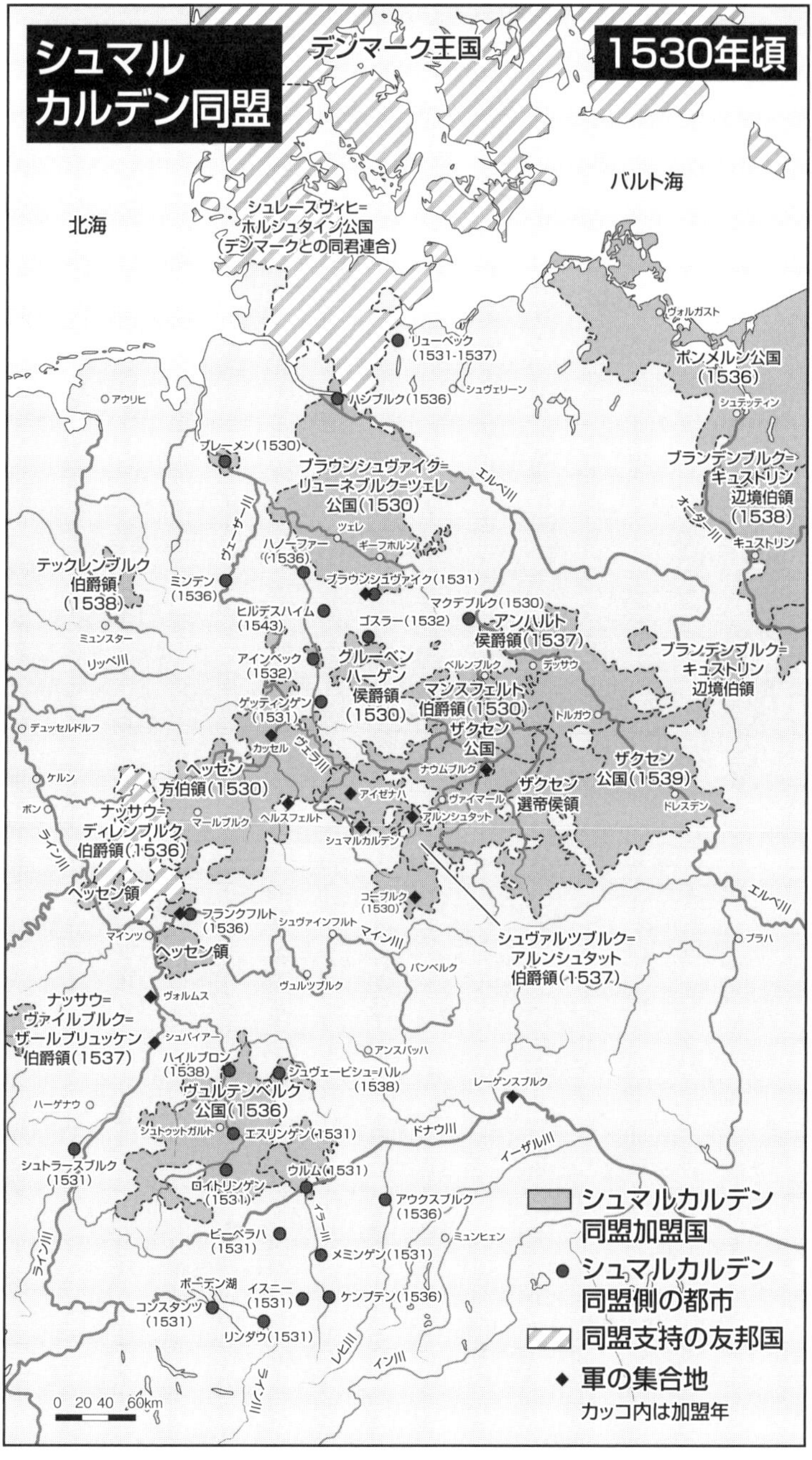
シュマルカルデン同盟
1530年頃
デンマーク王国
バルト海
北海
シュレースヴィヒ=ホルシュタイン公国（デンマークとの同君連合）
ヴォルガスト
リューベック（1531-1537）
ポンメルン公国（1536）
ハンブルク（1536）
シュヴェリーン
シュテッティン
アウリヒ
ブレーメン（1530）
ブラウンシュヴァイク=リューネブルク=ツェレ公国（1530）
ブランデンブルク=キュストリン辺境伯領（1538）
エルベ川
オーダー川
ツェレ
ギーフホルン
キュストリン
ハノーファー（1536）
ヴェーザー川
テックレンブルク伯爵領（1538）
ミンデン（1536）
ブラウンシュヴァイク（1531）
マクデブルク（1530）
アンハルト侯爵領（1537）
ヒルデスハイム（1543）
ゴスラー（1532）
ミュンスター
ブランデンブルク=キュストリン辺境伯領
リッペ川
アインベック（1532）
グルーベンハーゲン侯爵領（1530）
ベルンブルク
デッサウ
マンスフェルト伯爵領（1530）
ゲッティンゲン（1531）
トルガウ
デュッセルドルフ
ザクセン公国
カッセル
ヴェラ川
ヘッセン方伯領（1530）
ナウムブルク
ザクセン公国（1539）
ケルン
アイゼナハ
ザクセン選帝侯領
ボン
ヴァイマール
ナッサウ=ディレンブルク伯爵領（1536）
マールブルク
ヘルスフェルト
アルンシュタット
ドレスデン
シュマルカルデン
ライン川
ヘッセン領
コーブルク（1530）
エルベ川
フランクフルト（1536）
シュヴァインフルト
マイン川
シュヴァルツブルク=アルンシュタット伯爵領（1537）
マインツ
プラハ
ヘッセン領
バンベルク
ヴュルツブルク
ヴォルムス
ナッサウ=ヴァイルブルク=ザールブリュッケン伯爵領（1537）
シュパイアー
アンスバッハ
ハイルブロン（1538）
シュヴェービシュ=ハル（1538）
レーゲンスブルク
ヴュルテンベルク公国（1536）
ハーゲナウ
シュトゥットガルト
エスリンゲン（1531）
ドナウ川
イーザル川
シュトラースブルク（1531）
ウルム（1531）
ロイトリンゲン（1531）
イラー川
アウクスブルク（1536）
ビーベラハ（1531）
ミュンヒェン
メミンゲン（1531）
ボーデン湖
イスニー（1531）
ケンプテン（1536）
コンスタンツ（1531）
リンダウ（1531）
レヒ川
イン川
ライン川
0 20 40 60km
シュマルカルデン同盟加盟国
シュマルカルデン同盟側の都市
同盟支持の友邦国
軍の集合地
カッコ内は加盟年

ばあちゃんとおかあさんが、男と女の愛の物語を書き上げて、みんなに広めた。だから、男女の性欲の自由を叫び続けることこそはプロテスタント運動だ。

もう1つは金儲けを自由にやらせろ、だ。北ドイツの諸侯（領主、藩主）たちは、単なる商業活動の自由だけではない。穢《きたな》らしい守銭奴《しゅせんど》のユダヤ人たちをいじめないで、都市の市場（ドイツ語マルクト。フランス語でマルシェ）で金融活動をやらせて、利子《インタレスト》をとってもいいという行動をそれとなく認めた。ローマ教会にとっては、「男女の性行為の自由と、利子を取ることを絶対に許さない」が、長年のラテラノ宗教会議決議だった。これが1517年、ルターが暴れ出した同年に、ローマで「利子を取っていい」の宗教会議の決議をした。

④カール5世という、ものすごく戦争が強い皇帝がいた。この人抜きでヨーロッパ史は語れない。カール5世（Karl V、1500－1558年、58歳で死）もルターとまったく同世代だ。彼は神聖ローマ皇帝であり、ハプスブルク家だが、オランダで育って自由思想を勉強していた。だが皇帝という立場上、新教徒をたくさん殺した。このあと戦いに疲れて②のアウクスブルクの和議《わぎ》（1555年）でプロテスタント諸侯軍（シュマルカルデン同盟）と休戦協定（ピース・トリーティ）を結んだ。このあとスペインで疲れて死んだ。

このカール5世が、中南米開発の許可を出して、ピサロ（メキシコへ。アステカ帝国）、コルテス（ペルーへ。インカ帝国）を派遣して、原住民をたくさん殺して、ペルーのクスコ銀山（1536年発見）と、今のボリビアのトポシ銀山（1545年発見）の開発をやらせた。ここでもの凄い量の銀と金が産出した。この巨大資金でスペインは世界帝国になった。カール5世は「あまりアズテカやインカの原住民たちを残虐に扱うな」という命令も出すぐらいバランスのとれた皇帝だった。だが、ヨーロッパ皇帝だから残酷にならざるを得なかった。

このカール5世の息子がフェリペ2世（第1章で前述）で、そのまた息子がドン・カルロ（ス）である。ドン・カルロ（ス）は実際はふにゃふにゃした男で、とても後継ぎにはなれなかった。しかし、ドイツの大劇作家シラーが、『ドン・カルロ（ス）』（1787年作）で新教徒たちをかばって助けた優れた王子という話に作り替えた。このシラーがゲーテと競争し合って、1770年代にワイマール国を大繁栄させた。えーい、何でももう超《ちょう》簡単に書くぞ。

あのね、ワイマール国は、簡単に言えば今のディズニーランドなの。たくさんたくさん人が集まって楽しくてしかたがないようにした。遊園地まで作って子供たちまでわいわい集まって騒いだ。周りからたくさん人が評判を聞きつけて人為的に集まった。ゲーテを25歳で招いた。そして隣の都市イエーナに大図書館を作って200万冊の本を集めた。そしてユダヤ人たちも集めて、商売をやらせて、巨大な繁栄を作った。諸国で嫌われ者のユダヤ人金貸し業者（両替商《りょうがえしょう》）を「来なさい、来なさい」と誘って、ユダヤ資本主義の隆盛をワイマールでドカーンと作った。だから、いまで言えばディズニーランドだ。現代では、たとえば今のシンガポールや中東のドバイが真似して実行して、とにかく何でもいいから人々を魅了する楽しみの場を人工的に作ったのと同じなのだ。バブル経済の熱狂を作った。くだらない例で言えば、今のオリンピック、万博と一緒だ。私はオリンピックも万博も廃止すべきだと思う。もうバレている。人がたくさん集まって、人間の諸欲望を許した。これには売春宿と賭博場が含まれる。こういうことを歴史学者たちが正直に書かないから、いつまでたってもヨーロッパ史の大きな真実が分からない。

その前のフィレンツェの繁栄と同じである。フィレンツェはメディチ家という商人の一族が偉かった。メディチ家は貴族を名乗らなかった。平民（ポポロ）のままだ。ただし上級平民（ポポロ・グラッソ）でシニョーレ（大物《おおもの》市民）を名乗った。国王も貴族の存在も認めなかった。だから身分は上級平民のままだった。コムーネ（自治体、共同体）という自治都市の伝統に従った。ただし、メディチ家はゴンファロニエーレという旦那様のような立場だった。このことが重要なのだ。フランス国王フランソワ1世（François Ier、1494－1547年、52歳で死）がフィレンツェを救《たす》けに来たのだけど、間に合わなかった。フランソワ1世は、

英エリザベス1世と全く同じ時に、独と仏の王が争っていた

スペイン王のあと
神聖ローマ皇帝
カール5世
(1500 - 1558)

長い戦争で疲れ果てた

フランス王
フランソワ1世
(1494 - 1547)

自分も神聖ローマ皇帝になろうとして、何度も手を挙げたがならしてもらえなかった。フランス人で自力でヨーロッパ皇帝になったのはナポレオン(1806年)だけだ

やっぱりカール5世とのいがみ合いが激しくて、身動きがとれなかった。フランソワ1世はアンボワーズ城（Château d'Amboise フランス国王の夏の離宮）でダ・ヴィンチを抱きかかえて死なせた王だ（1519年）。

ここで教えておきますが、イタリアの北の大都市ミラノとは何か分かりますか。ここはドイツ系だ。ドイツ人の血がたくさん入っている。だからまじめによく働いて、ファッションブランドやフィアットなどの自動車のブランドを作った。それに対してフィレンツェはいつもフランス派だ。

ついでに言えば、ヴェネチアは12世紀からユダヤ商人たちの都市で、ランゴバルド族が定住していた。それがオランダを経由してロンドンに移ってロンバート金利になる。会計帳簿の付け方も12世紀の北イタリアで始まった。ミラノは、ヴィスコンティ家という商業民の貴族が支配していたのだが、真ん中の岩の上の城（カステロ、キャッスル）にいた暴力団の親分、即ち武装した領主《プリンチペ》のスフォルツァ家が、ヴィスコンティ一族を追放して、ミラノはドイツ人であるウィーンの皇帝の家来になった。有名なルキーノ・ヴィスコンティ監督は、このミラノの家柄の貴族である。

人間に自由意志などない。あるのは王様だけだ

再度、問いかけるが、①のエリザベス女王の父親のヘンリー8世の何が天才だったか。

それは、人間は自由ではないと言い切ったことだ。人間に自由意志（free《フリー》 will《ウィル》, der《デア》 freie《フライエ》 Wille《ヴィレ》）なんて無い。それに対して悪の権化《ごんげ》であるローマ・カトリック教会（Roman Catholic Church）は、人間には自由意志があると決めつけた。そんなもの無いと言ったヘンリー8世のほうが正しい。

それは日本の戦後のアメリカ式の教育を受けたあなたたちが、いわゆる自由主義（リベラリズム）なるものを無前提に信じ込んで「私は自由だ」と思い込んでいるのと同じだ。自由なのは、お店で好きな食べ物を注文するとか、誰でも電車やタクシーに乗れるという程度の自由だ。自由に職業を変えたりできないだろう。サラリーマン（給与所得者、勤労者）なんて、本当は奴隷《スレイヴ》身分だ。何が自由人だ。ただ、これを言うとみんなに嫌われるから言わないだけだ。

マルティン・ルターは人間に自由意志はないという本を書いた（『奴隷意志論』*De servo arbitrio,* 1525）である。ルターの宗教改革をずっと応援していたエラスムス（Desiderius Erasmus Roterodamus、1466－1536年、69歳で死）は、その前年に人間に自由意志はある（『自由意志論』*De Libero Arbitrio,* 1524）を出版したから、ルターは反駁《はんばく》（反論）して、2人は大喧嘩になった。私はヨーロッパ最大の自由思想家と言われたエラスムスなんてこの程度のやつだと思っている。

ここで大事なのは、私、副島隆彦も、人間の自由意志はないという立場だ。本当のことを言うと、権力者と大金持ちだけが自由だ。ここが大事な点だ。だから、ヘンリー8世はこのことを知っていた。だから天才なのだ。ヘンリー8世はイギリス全土の教会（小さな修道院でもある）8000カ所の財産を奪い取った。腐敗し切った、陰に隠れて子供を作っている坊主（僧侶）たちを叩きのめした。だからヘンリー8世はエラい。織田信長の比叡山焼き討ち（1571年）と全く同じだ。

何度でも書くが、ヘンリー8世は、自分を養育してくれたトマス・モアの首をちょん切った。なぜなら、トマス・モアがローマ法王の言うことを聞けとヘンリー8世に言ったからだ。おまえが俺に自由思想をいっぱい教えたくせにといって殺した。そのときエラスムスはもうオランダに帰って、さらにスイスで死ぬ（1536年）。だから自由思想がもうこのとき生まれていて、ヨーロッパ全体が激しい争いや宗教戦争の中に入っていた。この宗教戦争の時代になると、国王も自由思想の影響を受ける。国王も争いの中に入り込んで殺し合いになる。

エリザベス女王は完全に新教徒《プロテスタント》だ。そうすると、ちょうどその頃、先に話したカール5世が、神聖ローマ帝国皇帝（Holy Roman Emperor）だ。この人は今のベルギーのヘント（ガン）で生まれて、自由思想の影響を受けている人だ。2人は仲がよかった。文通している。しかし、ハプスブルク家の人で、しかもスペインのハプスブルク家だ。スペイン王国もハプスブルク家が婚姻関係で中に入った。カール5世のお母さんは最初から精神病で「狂女フアナ」（Juana La Loca）と呼ばれたカスティーリャ女王フアナ（Juana、1479－1555年、75歳で死）だ。

このカール5世が先に話した仏王フランソワ1世とずっと戦い続ける。再度書くが、このフランソワ1世が、1519年にレオナルド・ダ・ヴィンチ（Leonardo da Vinci、1452－1519年、67歳で死）を、自分のフランスに連れて来る。ミラノにいたら危ないから、こっちに来いといって連れてきて、そこで死なせた。だから「ダ・ヴィンチを看取った」と言われている。

ダ・ヴィンチがその時に、「モナ・リザ」（Mona Lisa、あるいはジョコンダ夫人 Gioconda）を大事に持ってきた。だから「モナ・リザ」はフランスの財産である。フランソワ1世がダ・ヴィンチを呼んだのがアンボワーズ城で、ロワール川渓谷という、南のほうだ。パリから南に200キロ以上ある。これは、パリの王宮の夏の避暑地だったと思う。軽井沢みたいなところだ。そのアンボワーズに、離宮というか、まあ夏の宮廷があった。

このアンボワーズでも事件が起きる。フランソワ1世は戦争でカール5世に勝てない。フランス国王はナポリのほう、つまりイタリアの南のほうは自分のものだと長年ずっと主張していた。だからいつもフランス国王は、途中のフィレンツェとかローマを通って、さらに南まで行こうとした。このときフィレンツェの自由思想を、つまりイタリア語でリナシメント（Rinascimento）、英語とフランス語のルネサンス（Renaissance）だが、このルネサンス運動をこのフランソワ1世が一所懸命に応援した。ところがカール5世の軍隊に勝てない。

私は、フィレンツェのルネサンス運動の全体像についてはすでに本に書いた（『ミケランジェロとメディチ家の真実』（秀和システム、2021年）という本だ。ルネサンスとは何か。それは、「人間復興」とかいう、何を言っているのか、日本人に分からない言葉だけで、この百年、解説されている。そうではないのだ。ルネサンスというフィレンツェで始まった（1439年）、政治と文化の闘争は、ローマ・カトリック教会のバカヤロー、お前たち坊主たちは巨大な偽善者（ヒポクリット）だ。人類の敵だ、という激しい思想闘争だったのである。私はこのことを前記書で暴き立てた。

ヨーロッパの中心がフィレンツェからパリに移った

フランソワ1世の息子がアンリ2世（Henry II of France、1519－1559年、40歳で死）だ。このアンリ2世というフランス国王に、メディチ家から娘が嫁いできた。メディチ家はルネサンスをやった偉大なる大金持ちの一族、貴族には絶対ならなかった。それがカトリーヌ・ド・メディシス（Catherine de Médicis、1519－1589年、69歳で死）とフランス語では言う。イタリア語では、カテリーナ・ディ・メディチ（Caterina di Medici）だ。

このカトリーヌ・ド・メディシスが、夫のアンリ2世が死んだので権力者になった。息子のアンリ3世国王が少年だから自由に操《あやつ》った。そして悪いこともいっぱいした。自由思想を分かっていたはずなのに頑迷な保守の女だ。ある絵があって、それが凄い。後で話します。

何で平民で貴族にもならないと言い続けたイタリアのメディチ家ごときから、娘をフランス国王のお妃にしたか。それは大変な持参金が付いて来たからだ。70万リーブルと言われている。だから700億円ぐらい持ってきたのだろう。だが本当は今の7兆円ぐらいだ。小さな国1つ分とかだろう。そういう感じでフランス王家に嫁入りして来た。何百台もの馬車にいっぱい持参金《じさんきん》を積んで輿入《こしい》れした。カトリーヌ・ド・メディシスがナイフとフォークを使い、新しい料理を作り、初期のオペラもフィレンツェから持ってきた。この2人の結婚式にイタリアからオペラ（歌劇団）が来てオペラが演じられた。これがオペラの始まりと言われている。その前に演劇《プレイ》はあったが。パリでオペラの形になったのだろう。つまり。ヨーロッパの王たちと言っても文化のレベルはとてもイタリアにかなわなかったのだ。ヨーロッパ文化の華《はな》はイタリアだ。その中心がフィレンツェだ。

このカトリーヌ・ド・メディシスは、夫アンリ2世が侍女《メイド》たちと浮気するものだから、王宮の大きな建物の中の、王の部屋の上に穴をあけて上からのぞいていた。のぞきながら嫉妬に狂っていたという女性だ。女官長に「お后《きさき》がそんなことをなさいますから、こんなヒドい目に遭《あ》われるのです」と慰《なぐさ》められた。フランス人たちから、カトリーヌはイタリアの銀行家（金貸し業者）の娘と言ってバカにされた。でも実際は、イタリアのほうがすごく文化が進んでいた。ヨーロッパの国王たちといったって、1500年代までは田舎者なのだ。イタリアのほうがずっと栄えていた。

フランス、ユグノーたちの自由思想

フランスの一番南にナバラ国という王国があった。ピレネー山脈の中だ。今はスペイン側に入っている。

このナバラ国のジャンヌ・ダルブレ（Jeanne d'Albret、1528－1572年、44歳で死）という女性が、1555年にアントワーヌ・ド・ブルボン（Antoine de Bourbon、1518－1562年、44歳で死）と結婚した。ブルボンの名前が、ここで初めて出てくる。ブルボンという田舎貴族がいて、これはパリから南に250キロ行った地方らしい。ナバラ国は日本で言えば、島津とか伊達や前田などの江戸時代の外様《とざま》大名のようだった。パリの国王に屈服しない誇り高い小国である。ジャンヌ・ダルブレがそこの女王だった。

この息子がアンリ4世（Henri IV、1553－1610年、56歳で死）になる。若い頃は、アンリ・ド・ナヴァル、「ナヴァル国のアンリ」と呼ばれている。母親のジャンヌと、さらに祖母のマルグリット・ド・ナヴァルが激しい自由思想を持っていた。男女の自由な愛をなによりも素晴らしいものだと考えた。この祖母マルグリットの書いた本が後述する『七日物語《しちにちものがたり》』である。アンリ4世が小さい頃から、徹底的にフランス新教徒（ユグノー）の思想を息子のアンリに教え、小さい時から鍛えた。

このあと詳しく書くが、アンリ4世は今もフランス国民に尊敬されている国王だ。我慢に我慢の人であり、危ないところを辛くも機転で生き延びて国王になった。今のパリのカルチエ・ラタンにアンリ4世学校というリセ（高等学校）がある。ジャン・ポール・サルトルたちがここを出ている。

だから、アンリ4世も激しい女たらしである。当たり前だ。お母さんとおばあちゃんがそう教えたのだから。ユグノー派の指導者として持ち上げられ、戦い続けた。

おばあちゃんのマルグリット・ド・ナヴァル（Marguerite de Navarre、1492－1549年、57歳で死）はフランソワ1世の姉だ。『デカメロン』“*Decameron*, 1469”というイタリアの作家ジョヴァンニ・ボッカッチョ（Giovanni Boccaccio、1313－1375年、62歳で死）が書いた恋愛小説などというものではない、男女の愛欲の話をずっと面白おかしく書いた小説である。それを真似して、おばあちゃんは『エプタメロン（七日物語）』“*Heptaméron*,

この2人のナバラ王国の女性が男女の愛を謳歌することでユグノーの指導者になった。アンリ4世を育てた

マルグリット・ド・ナヴァル
(1492 – 1549)

ジャンヌ・ダルブレ
(1528 – 1572)

1558〟を書いた。

だから、男女の愛の思想が、私は何度でも書くが、プロテスタント運動の根本だ。ルターが95カ条の質問状を出したからではない。この質問状だって、裏側を読むと、男女の自由な愛を許せ、と、金儲けをやらせろ、とそれとなく書かれているのだ。だから、まったく同時代の1550年代に、フランス人もイギリス人もドイツ人もイタリア人もスペイン人も、自分たちに自由な生き方をさせろと騒いだ。ローマ教会が何でもかんでも私たちに上から命令するなという政治運動だ。私、副島隆彦が今の今でも人類の諸悪の根源はローマ・カトリック教会であると断言する。ローマ教会を人類の悪《ワル》の巣窟《そうくつ》だ、とはっきり書かないから、ヨーロッパ史の本は、訳《わけ》が分からない。「どっちもどっちだ」という中立、中庸《ちゅうよう》の態度を取るからヨーロッパ史の真実が見えなくなる。

それからさらにもうひとつ。やがて、どんどん悪質になっていったイギリス国教会も、ローマ教会に続いて諸悪の根源になった。イギリス国教会に反抗、抵抗する人々は、ノンコンフォーミスト（非《ひ》国教会派）と呼ばれて差別された。この非国教会派のメソジストやバプティストたちは、イギリスから新大陸アメリカに移って行って、自分たちの宗教の自由（フリーダム・オブ・レリジョン）を享受した。ウェストミンスター大聖堂が国教会の本拠地で総本山である。これを日本では聖公会《せいこうかい》とも名乗る。こういうコトバでみんなが訳が分からなくなる。このウェストミンスター大聖堂《カテドラル》の裏側がイギリス議会の議事堂だ。テムズ川に面している。ビッグ・ベンと呼ばれる。例の時計台がある建物だ。イギリス国王が住んでいるバッキンガム宮殿ではない。

もうひとつ教えるが、イギリス王家が歴史的に占領しているスコットランドのその中心都市のエジンバラにあるお城であるバルモラル城は、イギリス王家の2番目のお城である。このバルモラル城で秘密の儀式を行っている。ダイアナ妃《ひ》が死んだ（1997年8月31日。本当は殺された）あと、遺体をここに運んで秘密の葬式で、「イギリス王家に逆らったダイアナの霊を悪魔の思想で封じ込めた」のである。このバルモラル城でヴィクトリア女王（1901年に死）が、晩年に馬丁《ばてい》（馬の世話係）とひそやかな愛の暮らしをしていた。『チャタレイ婦人の恋人《ラヴァー》』（D・H・ロレンス、1928年）の世界である。

マルグリットの娘ジャンヌの代になって、激しい戦いがフランスで起きた。これがフランスの宗教戦争であるユグノー戦争だ（1562−1598年）。ユグノーは激しく戦ったが、最終的には負けて、国外に追放された（ラ・ロシェル港の戦い。ラロッシュ・ラベーユの戦い。

モンコントゥールの戦い）。ユグノーはオランダやイギリスに逃げて、このユグノー文化が、欧州各地に根づく。例えばポルシェ博士という人はドイツ人なのだが、ポルシェはもともとフランス人の名前だ。シャトーブリアンとかも、外国に逃げたフランス人の家系だ。ユグノー文化は、ソーセージづくりをドイツで広めた。そして一部は〝新世界〟であるアメリカに渡った。

1620年のイギリスからのメイフラワー号による、アメリカ建国の神話《ミス》の始まりだ。アメリカという新天地に、自由思想のプロテスタントの思想が植えつけられた。本当は、メイフラワー号によるプリマス植民地（ボストンのそば）よりも早く、勝手にアメリカ大陸の各地に逃げ込んだり、流れ出したヨーロッパ人たちがいたようだ。逃亡奴隷や犯罪者のような者たちだったろう。ジェイムズ・タウン（1607年。ジェイムズ1世王が開拓命令した）の植民地建設がプリマスよりも早い。ジェイムズ・タウンは海からの砂礫《されき》（ストーン・サージ。石ころの嵐）で壊滅して、本当はどこにあったのか今も分からない。簡単に言えば、チェサピーク湾沿いで、首都ワシントンのそばだ。

サン・バルテルミの虐殺を生き延びたアンリ4世

アンリ4世は惨々《さんざん》苦労して国王になった。結婚式の後の夜、1572年8月24日に、「サン・バルテルミの虐殺」St. Bartholomew's Day massacre《マサカ》が起きた。その日だけで2000人が殺されたという。そして回りも合わせると1万人以上が殺された。油断をして結婚式に集まっていたユグノー（プロテスタント）の貴族たちが皆殺しにされた。両派の争いをこの結婚で宥《なだ》めようとした策略に嵌《は》められたのだ。

これを実行したのは、ごりごりのカトリック貴族のギーズ家のアンリとされている。本当かなあ。

次の朝、王太后のカトリーヌ・ド・メディシスが、死体が転がっているパリの街を平然と視察して回った。それを描いた絵画が残っている。だからカトリーヌの方が真犯人だろう。95ページの絵のとおりだ。このあと、さらに戦いが続いた。

このあとも戦いがぐずぐずとずっとあった。何度も両方が和解して、話し合い（ピース・

トークス、和平交渉《わへい》）をしたがすぐに破られた。これがフランスの戦国時代だ。このサン・バルテルミの虐殺の2カ月前にお母さんのジャンヌ・ダルブレが、毒がついた手袋を贈られて死んだ。贈ったのはやはりカトリーヌ・ド・メディシスである。やはりこの女が最強硬《さい》の保守派である。ユグノーへの憎しみがすごい。

このアンリ4世の最初の奥様は、あばずれ女のマルグリット（Marguerite de Valois、1553-1615）と呼ばれた。この女が、『王妃マルゴ』という小説（1845年、デュマ父作）になっている。子供のデュマではない、父親のデュマのほうが書いた。

アンリ4世は辛《から》くも上手に生き延びて、ユグノー派の指導者になった。だが国王として首都のパリに入れなかった。6年間も入れなかった。しょうがないから、またカトリックに戻ろうと言って改宗（コンヴァージョン）して戻った。自分が改宗しさえすれば戦乱が収まる、と。アンリ4世はパリの教皇派の神父たち（彼らは鉄砲で武装していた）をうまく騙してパリに入城した。それが1594年だ。このあとユグノーの連中も助けなければいけないということで、「ナントの勅令」（Edict of Nantes、1598年）を出した。これで宗教の自由を認め、両派の争いをやめようということになった。だからアンリ4世は名君なのである。それでも1610年には暗殺された。

サン・バルテルミの虐殺《マサカ》の翌日
(1572年 8 月24-25日)
8 月25日の早朝、虐殺跡を視察する母后カトリーヌ・ド・メディシス

カトリーヌは、ロレンツォ・イル・マニフィコのひ孫なのに、頑迷な保守人間だ。フランスにやって来て、強固なカトリック信者になる。この絵ではカトリーヌはスラリとした美人に描いているが、実際はチビでブスだった。だから夫のアンリ 2 世に愛されないので、怒り狂っていた

後を継いだルイ13世は、やっぱりカソリックの体制派の男で、ナントの勅令を廃止した。このルイ13世は同性愛者（ホモ・セクシュアリティ。今のLGBT《エルジービーティ》だ）で、女っ気がなかった。だからスペインからやってきたお妃のアンヌ・ドートリッシュが困ってしまって、自分も我慢できないものだから、次章で述べる人物と秘密結婚をして子供を作った。それがルイ14世である。

これがフランス国家最大の秘密で恥部《ちぶ》である。

もっと驚くべきは、この秘密結婚をした相手の実の父親が、大宰《だい》相のリシュリュー枢機《すうき》卿《きょう》である。アンヌ・ドートリッシュはリシュリューが大嫌いで、両者は激しくいがみ合っていた。そのことを描いた小説が『ダルタニアン物語』*D'Artagnan* だ。このダルタニアンというのは王妃アンヌの警備隊長であり、その家来の三銃士（マスケティーア。当時すでに鉄砲を持っていた近衛兵《このえへい》たち）だ。私が子供時代に見ていたNHKの人形劇の「友を選ばば三銃士」では、リシュリューが大悪人《だいあくにん》に描かれていた。何故だろう。ここにフランス国の秘密があるからだ。王妃アンヌを守っているダルタニャンたちと、権謀術数の激しい宮廷内の争いをやっていた。このリシュリューの実の息子とアンヌは死ぬほど愛し合ったのだ。そして子供を作った。それがルイ14世。笑い話を通り越す。このことは今でもフランスの国家秘密に

ブルボン王朝の祖アンリ４世は戦乱を生き延びた深慮の名君。女たらしの自由思想者

アンリ４世
Henri IV
（1553-1610）

ブルボン王朝の祖。父アントワーヌ・ド・ブルボン、ナバラ女王の母ジャンヌ・ダルブレの影響で、新教徒の首領としてユグノー戦争を生き延び、サン・ジェルマンの講和（1570）後、ヴァロア家のシャルル９世の妹マルグリットと結婚した（1572）。

結婚式の夜、パリでサン・バルテルミーの大虐殺で、旧教に改宗して死を免れ４年の監禁後脱出。

再び新教に戻り（1576）、カトリックのアンリ３世とギーズ公アンリに対抗した。この両者の対立を巧妙に利用してアンリ３世に接近、その死でフランス王になった（1589、36歳）。ブルボン王朝を創始。

しかし、パリ市民（旧教徒）は彼を王と認めず、「国家なき国王」。旧教徒に対抗して各地を転戦した。国土は疲弊し、スペインが介入する危険があったので、再び旧教に改宗（1593）する策で、まんまとパリに入城。ナントの勅令を発布し（1598）、フランス国民に信仰の自由を与えて多年の宗教戦争を終結し国内を統一した。リシュリューを登用し財政を整理し、オリヴィエ・ド・セールを用いて農業を促進し、商工業貿易を保護振興。カナダに植民を行い、サミュエル・ド・シャンプランがケベックを建設。

一方、スペインに勝ってこれと和し（1598）、安定した平和を保つため一種の国際連盟を構想した。旧教徒ラヴァイヤックに暗殺された（1610）。身持ちの悪い妻マルグリットとは離婚（1599）、翌年フィレンツェからマリー・ド・メディシスを王妃に迎えた。

（『岩波西洋人名辞典 増補版』1981年から抜粋・改筆）

なっている。公然としゃべってはいけないタブー（禁忌《きんき》）である。

だからフランス最大の国家秘密で恥部なのである。宰相マザラン（1522年世界一周のマゼランとは別人）は、リシュリューがローマに行った時、17歳で作った隠し子だ。リシュリューが実の子マザランを取り立てて、自分の政敵（いがみ合い相手）の王妃アンヌ・ドートリッシュの愛人にした。大《だい》策士のリシュリューが一番のワルである。リシュリューはローマ教会の枢機卿《カーディナル》（高僧）のくせに、北ドイツのルター派プロテスタントを背後から応援した。こういう離れ技ができた名宰相である。

私がこの本でこの秘密を暴露すると、今でもフランス政府の役人で、怒る人がいるかもしれない。そんなこと知ったことか。私は本当の、真実以外は信じない。だから、第1章のエリザベス女王の隠し子が、フランシス・ベイコン卿で彼が文豪シェイクスピアであるという真実と同格である。こらっ。日本人でヨーロッパの歴史本を書いている者たちよ、もうちょっと本当のことを書け。私が出現した以上は、もうこの流れは止められないんだぞ。「そういう説もあるよね」などとまだとぼけたことを言っていると、殴りに行くぞ。

ルイ14世の実の父親はマザラン（英語でマッツァリーン）。その実の父はリシュリュー枢機卿《カーディナル》。これが今もフランス国家最大の秘密で恥部。日本でも誰も書かない。公然の秘密なのに

ルイ13世
（1601－1643）

アンヌ・ドートリシュ
（1601－1666）

リシュリュー枢機卿
（1585－1642）

ジュール・マザラン
（1602－1661）

第3章

フランス国最大の秘密——ブルボン朝の恥部

オランダ独立、そして三十年戦争、ウェストファリア条約

さらに、この章でもフランス国の最大の秘密で恥部の続きを書く。これでもか、と追い打ちをかける。

ブルボン家（Maison de Bourbon）については87ページで説明した。アンリ4世から始まる。ブルボン家というのは古い家柄の田舎の貴族だ。前章で書いたように男女の愛を中心に置いたジャンヌ・ド・ナヴァルが、1555年にアントワーヌ・ド・ブルボンと結婚して、アンリ4世が生まれた。母親のジャンヌは、ナバラ国の女王のままブルボン家と結婚して、ジャンヌ・ド・ブルボンになった。この息子がファースト・ブルボン・キング・オブ・フランス（First Bourbon King of France）だ。だからアンリ4世からがブルボン王朝。ブルボン朝で有名なルイという王の名はもっと後に出てくる。だからそんなに歴史は古くない。1610年からだ。だけど、日本人にはいつまでたっても訳が分からない。ブルボンというとお菓子（今は100円ショップで買える）の名前ぐらいしか思いつかない。

フランス語が出てくると、格好がいいものだから、フランスかぶれのインテリの女子大出

の日本のお姉さんたちは黙って、這《は》いつくばってひれ伏す。大したことはないのだ。だってフランスは、10世紀ごろの、カッぺと呼ばれる、カペー朝（Capétiens）から始まる。フランスの王家（王朝）は、たった3つしかない。カペー朝、ヴァロワ朝（maison de Valois）、それからブルボン朝、この3つしかない。ブルボン朝の王ルイ16世はフランス革命の時、断頭台（ギロチン）で死んだ（1793年）。これでブルボン朝が終わった。あとは王様のいない共和国（リパブリーク）だ。

フランス人が今でもイギリスを見下す根拠は、元々はみんな似たような原住民なのだが、ノルマン・コンクエスト（Norman Conquest）があるからだ。1066年にフランスの北岸のノルマンディー地方にいた、フランス王の隠し子みたいな人が、ノルマン人（ヴァイキングだ）としてイギリスに上陸し制圧した。William《ウィリアム》 the《ザ》 Conqueror《コンカラー》（ウィリアム征服王）と英語で言う。このウィリアム征服王がウィリアム1世（William I、1028－1087年、59歳で死）である。このあと250年間は、イギリスの王宮ではフランス語が使われた。これで英語にたくさんフランス語が混入した。私たち日本人には迷惑この上ない。

〝豚《スワイン》のサクソン族〟という言葉を日本人は覚えるべきだ。臭いブタを飼って主食にしていた部族が、サクソン族だ。下層民である。北ドイツ一帯にも大きく広がっていて、ザクセン人 Sachsen と言う。今のイギリス（イングリッシュ）の下層民（コックニー英語を喋《しゃべ》る。インドでも香港でも）は、実は、〝豚のサクソン人〟なのだ。これが分かると、ヨーロッパ白人の上層と下層の大きな2大分類が分かる。この事実を誰も日本人に教えないから、いつまでたっても分からないのだ。差別用語としての実感を伴ったコトバを本気で教えるべきなのだ。それに対してアングロ族は、ちょっと上品なゲルマン族の一種ということになっている。だから「英米《えいべい》」のことを「アングロ・アメリカン」Anglo-American と言う。英がアングロで、米がアメリカンだ。ここで厳しく書いておくが、日本人が「このアングロ・サクソンめ」と使うのは大間違《おお》いである。英米人を指して「アングロ・サクソンめ」と使っていいのはフランス人だけだ。他の国民が、英米人のことをアングロ・サクソンだと思い込んでいるのは大きな誤解だ。これを使うと、「縄文人《じょうもんじん》め」と言うようなオカシナ意味になる。英米人は、アングロ・アメリカンと言う。以後正しく訂正しなさい。

ノルマン人がサクソン族とアングロ族を、250年間支配した。その時以来250年間は、イギリスの支配階級はフランス語を話していた。これで英語がめちゃくちゃに混ざった。混合言語になった。英語というのは元々、大陸《コンチネント》の西のハズレの島国で、言語と文化の吹《ふ》き溜《だ》まりの国だ。英語は雑種《ざっしゅ》言語で、穢《きたな》い言語だ。同じく大陸の東のハズレにいる私たち日本人

（語）も、雑種言語だ。1800年代（英）、1900年代（米）に、世界覇権国になったから、私たち日本人も英語に支配された。英語というヘンな言葉の勉強で苦労した。

ノルマン人は元々はノルウェーから来たヴァイキング（岸辺の民《たみ》の意味）だ。そしてフランス語を喋っていた。フランス語のほうが立派な言葉（ラテン語に近い）ということになっていて、英語と混ざった。だから今の英語は混ざりまくってしまって、めちゃくちゃな言語だ。英語それからさらにアメリカ英語になった。雑種言語でよくない言葉だ。

ドイツ語のほうがずっと由緒正しくて、ローマ（×ラテン）語、ギリシア語に近い。英語には音《おん》読みと訓《くん》読みみたいな、いろんな読み方がいっぱいあって、たまったもんじゃない。混合言語だ。大陸の端っこにある島国だから、日本語も同じだ。あらゆる種族《トライブ》（人種《レイス》）と言語（コトバ）の吹き溜まりだ。日本語の母音（ヴァウアル vowel）は、「アイウエオ」の5つではなくて本当は20ぐらいあるらしい。「おとうさん」と「おとおさん」は音《おん》が違うのだ。

1572年にパリで起きたサン・バルテルミの大虐殺（1万人のプロテスタント＝ユグノーが殺された）は重要だ。ちょっと目を移すと、その前年に、金と銀を山ほど持っていたスペイン王国のフェリペ2世（Felipe II、1527－1598年、71歳で死）がレパントの海戦（Battle of Lepanto）でオスマン・トルコ帝国を討ち破った。どこでといったら、私は塩野七《なな》生《み》さんの本で読んだのだが、ギリシアの北あたりで今のアルバニアとの間ぐらいの海峡だ。ここでイスラム勢力を討ち破った。このとき（1571年）に初めて地中海の西半分の、ヨーロッパ側の海をヨーロッパ白人がようやく安全に通れるようになった。その前まで600年間ぐらいはオスマン・トルコ（イスラム教のスルタン）が強かった。

だからフェリペ2世がこのとき、実質のヨーロッパの覇権者だ。このことを書いたのが、アナール（アニュアル）学派のフェルナン・ブローデルの『フェリペ2世時代の地中海と地中海時代』（1949年刊）だ。それとイマニュエル・ウォーラステインの『世界システム論』（1974年刊）だ。世界をネットワーク論の相互連環で見る（概観《アウトルック》する）考え方が学問《サイエンス》として生まれた。これがネオコン派に利用された。

フェリペ2世は第1章で書いたとおり、エリザベス1世（QE1）と激しく憎み合った。6歳しか違わない。この2人には結婚話《ばなし》があったというからヨーロッパの王様たちの横の関係は、ものすごく近いのだ。フェリペ2世はハプスブルク家でスペイン王でもあるカール5世（Karl V、1500－1558年、58歳で死）の長男だ。この時はローマ法皇と仲がいい。

この時がローマン・カソリックと神聖ローマ帝国の同盟《アライアンス》（仲良し）の最大ピークだった。フランスのユグノーたちをたくさん虐殺して、カトリックの力が強かった。

だけどこの後《あと》、まだまだ戦いが続いていく。男女の自由な愛を認めよ、そして自由に商売（金儲け、金銭欲望）をさせよ、のプロテスタントたちも負けてはいない。1574年にはオランダの北のライデン市が解放された。これを「近代市民社会成立の日」という。オランダがスペインから独立を達成した。都市を海水で泥だらけにしてスペインの傭兵部隊《マーシナリー》の侵攻を防いだ。それでもオランダの南側の今のベルギーは、フランスに取り戻されてしまう。だから今もベルギーはカトリックの国だ。アルバ公の傭兵部隊《ようへい》（マーシナリー、プロの殺し屋たち）が強かった。北部だけがホランド（Holland）、今のオランダになる。オランダは水郷都市を水浸しにして傭兵の進撃を喰い止めた。

ところが本当に独立が達成されたのは、何とそれから90年後だ。ずっと断続的に戦争だ。1648年に「ウェストファリア条約」Peace of Westphalia で、ようやく達成した。1648年、これはものすごく大事な年でウェストファリア体制という。このとき宗教の自由（フリーダム・オブ・レリジョン）が認められるようになった。このとき、ヨーロッパ北部では領主様が信じている宗教に領民は従えばよいという協定が生まれた。もうローマン・カソリックに従わなくていいとなった。これが１６４８年だ。その80年前にオランダ独立運動の英雄であるエグモントという人物が、１５６８年に捕まって処刑された。「エグモント序曲」といってベートーヴェンがつくった楽曲がある。ゲーテが戯曲にしている。

このとき同じく捕まったのだけど、何とか逃げ出した同志が、ウィレム１世（Willem I、１５３３－１５８４年、51歳で死）、英語読みしたらウィリアム１世だ。この人がオランダ独立を達成した。本当はドイツから来た領主（貴族）でドイツ人だ。その曾孫《そうそん》のウィリアム３世（William III、１６５０－１７０２年、51歳で死）が、何とイギリスに上陸して英国王になった。王と一緒にユダヤ商人たちがゾロゾロとイギリスに来た。彼らが「ロンバート金《きん》利」を作った。ユダヤの金融業者たちで、元々、北イタリアのロンバルディア地方（広くはヴェネチアを含む）から来た。ロンバルディアは、ゲルマン族の名だ。ロンドンにシヴィル・ロード（civil road、市民街《がい》）が生まれて、このシヴィルから背広《せびろ》が生まれた。貴族たちが着ているヒラヒラがたくさん付いたツイード（絹《きぬ》の手織りの服）ではなく、襟《えり》を外側に折っただけの、質素で堅実な現在の背広《シヴィル》が生まれたのだ。

William the Conqueror の征服王のウィリアム（１０６６年）と区別してください。ウィリアム３世は１６８８年に名誉革命（グローリアス・レヴォルーション）でイギリスにやって来

オランダ人はユダヤ人を含め商業民だから、資本主義（カピタリスムス）が最先端で栄えた。イギリスよりも世界情報を持っていた。日本にまで来てしぶとく貿易をした

ウィレム１世
（1533－1584）

正確には国王ではない。共和政の伝統が強いから国王を認めなかった。シュターツ・ホルダーと言って国家統領ぐらいの意味だ。これがアメリカ合衆国でプレジデント（大統領）になった。国王の存在を嫌う

ラモラール・ファン・エフモント（エグモント）（1522－1568）
同志エグモントの死をきっかけにオランダは激しい独立戦争を始めた

ウィリアム３世
（1650－1702）

た。メアリーという奥さんがイギリス王の家系ということで、王位継承権（相続権）を主張してロンドンを静かに占領した。オランダとイギリスでは、オランダのほうが文化・技術・テクノロジー、そして商業が発達していた。オランダは日本まで持っていた。オランダは最先端の世界商業、政治情報を持っていた。イギリス商人もオランダ語の新聞を読んだ。

そういう時代がこの後も続いていくのだが、話を前に戻さないといかん。アンリ4世の結婚式の祝いの夜に、プロテスタントたちが皆殺しにされた（サン・バルテルミの大虐殺）。でもアンリ4世は生き残った。「私は、この場でコンヴァージョン（改宗 conversion、宗旨変え）します。旧教徒に戻ります」と誓った。だから殺されないで済んだ。アンリ4世の偉さは、この機転が利く才能だ。厳しい、危ないところで何回か改宗している。だから、国王になれた。

お母さんのジャンヌ・ダルブレがこのサン・バルテルミの大虐殺の2カ月前に殺されている。革手袋に仕込まれた毒薬で殺された。殺したのはやっぱりカトリーヌ・ド・メディシス。カトリーヌは、イタリアのメディチ家の、ルネサンス運動の偉大なる支援者、華麗《かれい》なるロレンツォ・イル・マニーフィコのひ孫なのに、フランス王家に嫁いだ（アンリ2世王妃）こと

1439年にイタリアのフィレンツェでルネサンス運動を始めた祖父。コジモ・イル・ベッキオ（老コジモ）とも呼ばれた。孫のロレンツォと共に超《ちょう》天才級の人物だ

コジモ・デ・メディチ
(1389－1464)

ロレンツォ・イル・マニフィコ
(1449－1492)

マニフィコ(壮麗なる、華麗なる、マグニフィセント）のロレンツォがルネサンス運動の中心。15歳のミケランジェロの才能に気づいて自分の屋敷（リッカルディ宮殿）に住まわせた。ミケランジェロは名だたるウマニスタ（人文《じんぶん》知識人）たちの話をじっと聞いていた

でガリガリのカトリックになった。カトかプロかの違いは、当時、ほんのスレスレの違いで、頑固者の現実主義者《リアリスト》は保守（カト）で、理想《イデア》を求めるリベラル派（プロ）との分かれ道は、わずかの差だ。今の日本でもそうだし、世界中同じだ。

アンリ4世（まだナバラ王アンリ・ド・ブルボン）は、自分の仲間の貴族たちが大勢殺されたから大変な人生だ。人文主義《ユマニスム》の母親のジャンヌ・ダルブレが、ユグノーの精神的な指導者だった。女だから戦闘には参加しないけど、戦場まで行ったらしい。ユグノー軍の励まし（慰問）に行ったり。同時に相手方の、パリの国王カトリック側との交渉係でもある。だから、この本を貫く主張である、プロテスタント運動というのは「男女の愛の行為を認めよ」なのだ。

政敵のカトリーヌ・ド・メディシスとは10歳くらい違う。ほぼ同世代と言ってよい。ジャンヌは交渉係をやって殺された。その息子が我慢に我慢で、このあと20年我慢して、殺されかかりながら、やがて国王になった。だからアンリ4世は偉い。

アンリ4世の結婚相手のマルグリットはあばずれ女でどうしようもない女だったらしい。マルグリットは、アンリ3世の妹だ。マルグリットは離縁され、そのあとアンリ4世はマリー・ド・メディシスと結婚する。マリーは、〝太っちょの、イタリアの銀行家（メディチ家）

の娘〟と呼ばれた。

アンリ4世も女遊び（自由恋愛）をたくさんした。なにしろ「男女の愛を認めろ」なのだから。

ここで一言《ひとこと》、日本の知識層に教えておく。アンリ4世は若い頃、ボルドー（市長もした）の、〝塔に隠棲《いんせい》する思想家〟のモンテーニュに会いに行っている。モンテーニュの『随想録《ずいそうろく》』〝*Essais*《エセー》, 1580〟は日本でも有名で皆、知っている。読んだ人も多い。ところが、この『随想録』の何が凄《すご》いのか分かっている日本人知識人は誰もいない。人生の深い智恵（珠玉の名句）がたくさん書いてある本、ぐらいに思っている。翻訳した人たちも解説文で分かっていない。モンテーニュの凄さは、「カトリックもプロテスタント（ユグノー）も、もうこんな殺し合いはやめなさい。仲良くしなさい」と、呼び声のような文章を書いたことなのだ。だから当時のフランス人が深く感動して、モンテーニュのこの戦い（争い）をやめなさいの和解の思想に耳を傾けたのだ。彼が塔に籠ったというのは、そういうことだ。殺し屋から狙われることを恐れて塔に住んだ。私、副島隆彦が自分の身を守るために、熱海の茅屋《ぼうおく》に籠っているのと同じだ。分かりますかね。

プロテスタント運動の本質は反ローマ・カトリック

今もフランス国民に尊敬されているアンリ4世がナントの勅令（Edict of Nantes、1598年）で宗教の自由の宣言をしたり、やっぱりそれは駄目だ、で何度かぐらぐらしている。今でもフランスはカトリックだ。99ページの大宰相のリシュリューの複雑構造が原因だ。彼の実の息子のマザランがルイ14世の実父だ。

前で話したが、ジャンヌ・ダルブレのお母さんがマルグリット・ド・ナヴァル（Marguerite de Navarre、1492－1549年、57歳で死）という女性で、何度も言うが、自由恋愛と性愛の小説を書いた。マルグリットはヴァロア家の娘だけど、南の小さな国（フランス語でナヴァール）のお妃になって来て、娘のジャンヌ・ダルブレを産んだ。

自由思想家で頭がよかった。宗教改革と文芸は一緒に発達したのだ。マルグリット・ド・ナヴァルが死ぬまでの間に完成しなかった小説が「エプタメロン」*Heptaméron*『七日物語』だ。エプタはヘプターで、7だ。10の短い物語が集まって1日分。8日目の分を2篇書いたところで死んだから全部で72篇あるそうだ。「エプタメロン」。これは男と女の性欲、恋愛の話をずっと書いた作品だ。

性欲、恋愛のエロス話だから、今から見れば、それとなく書いているに決まっている。その原型はやっぱり『デカメロン』だ。デカメロンは『十日物語』*Decameron* で、それを書いたのはジョヴァンニ・ボッカッチョ（Giovanni Boccaccio）だ。私は中学3年生の時、このデカメロンを読んで、初めてエロス小説という世界を知った。

マルグリットよりも200年前で、ボッカッチョよりさらに約50年前の1265年に生まれたのが、フィレンツェの大《だい》作家ダンテ・アリギエーリ（Dante Alighieri、1265－1321年、56歳で死）だ。ダンテの名前はみんな知っている。『神曲《しんきょく》』*Divina Commedia*《ディヴィーナ コメーディア》「神聖ぶった喜劇」を書いた人だ。普通、「神曲（かみのしらべ）」などと言うと、カトリックのキリスト教を讃える叙事詩《じょじし》だ、ぐらいに思っている。本当（真実）は、そうではない。ダンテの真意は、このカトリックの教皇《ポープ》（パパ）や司教《ビショップ》たちというのは、とんでもない偽善者（ヒポクリット）たちで、たくさん妾（めかけ）の愛人を秘密で囲《かこ》っている、許しがたい者たちだ、と書いているのだ。このことも日本ではまったく分かられていない。

ダンテは初めに『新生《しんせい》』という詩集（小説）を最初に書いた（1294年、29歳）。新しく生まれる、の意味の Vita Nuova「ヴィータ・ヌオーヴァ」と言う。これがフィレンツェの町で死ぬほど女の人たちに読まれた。まだ活版印刷の技術もない時代に。初期の印刷機らしいのがあった。木版画だ。木版で彫られたやつが堅い紙に何百部か刷られて。それに女の人たちが死ぬほど憧れた。ベアトリーチェという女の人が出てくる。ダンテはそのベアトリーチェという女性を死ぬほど恋い焦がれている。両方まだ10代だった男と女の愛の物語がドカーンと爆発的に読まれた。ヨーロッパ全体に広がった。それをダンテが書いた。

ブルボン朝、最大の秘密

ようやく１５７１年まで来た。マルグリット・ド・ナヴァルの話はもうしないが、１５４9年に57歳で死んでいる。おばあちゃんのマルグリットは１５２８年、25歳でジャンヌ・ダルブレを産んでいる。さらにジャンヌ・ダルブレはアンリ4世を１５５３年に産んだ。

この時期に激しい戦いがヨーロッパ全土で繰り広げられていた。１５５０年代が大きな山場だった。

再びしつこくアンヌ・ドートリッシュ（Anne d'Autriche、１６０１-１６６６年、64歳で死。スペイン王の娘）の話をする。この人がルイ13世（Louis XIII、１６０１-１６４３年、41歳で

ルイ14世は誰の子か？

1601年、フォンテヌブローでルイ13世を出産したときのマリー・ド・メディシス
貴族たちが、出産の場に立ち合って、王妃の股の間（性器）から新生児が出てくるのを観察する。本当に。
ルイ13世は同性愛者（ゲイ）だからお后のアンヌ・ドートリシュ（スペインから来た）と性関係がなかった。それなのに狩り小屋で１回だけ寝て、それでルイ14世が生まれた、とした。それではルイ14世（太陽王）の本当の父親は誰か。今でもこれがフランス国の最大の秘密で恥部だ。

ルイ13世
(1601 - 1643)

アンヌ・ドートリシュ
(1601 - 1666)

死）と1615年にお互い14歳ぐらいで結婚した。ルイ13世の息子（ということになっている）ルイ14世（Louis XIV、1638－1715年、76歳で死）が太陽王（le Roi Soleil）だ。この時フランスが大繁栄する。ルイ14世が死ぬのが1715年。だからさらにここで100年が経つ。

フランスがどんどん立派に豊かになっていった。ローマやウィーンなんかよりもずっと立派になった。このときにリシュリュー（Armand Jean du Plessis, cardinal et duc de Richelieu、1585－1642年、57歳で死）という宰相が出てくる。お隣の神聖ローマ帝国はこのリシュリューと激しい敵対関係に入っている。リシュリューは枢機卿だった。ローマの国会議員なのに、フランスの宰相になっている。ちょっと頭の軽いルイ13世を操《あやつ》って、実際の権力を握っている。このリシュリューが何と、ローマの枢機卿 Cardinal のくせに、背後からドイツの諸侯たち（小さな国王たち）を操って、反《はん》ローマ、反《はん》ウィーンの戦いをずっとやらせる。そのことでフランスが強くなる。このリシュリューがフランス国内から新教徒を叩き出した。ユグノーの反乱を徹底的に押さえつけた。それなのに不思議なことに、ドイツのルター派の諸侯たちをけしかけた。

このリシュリューという政治家は恐ろしい男だ。アンヌ・ドートリッシュはスペインから

絶対主義《アブソルーティズム》を完成した同性愛者

ルイ13世

Louis XIII

（1601-1643）

アンリ4世とマリー・ド・メディシスの子。父王が暗殺された後、9歳で即位。アンヌ・ドートリッシュと結婚（1615）。母后マリーが摂政時代に政治を任せたコンチーニ（元々マリーの着付け係レオノーラの夫）の悪政に貴族たちが怒って、三部会が召集された。

1617年、ルイ13世はルーヴル宮の前でコンチーニを射殺、妻レオノーラも処刑し、母を追放して権力を掌握。

1624年、能吏の枢機卿《カーディナル》リシュリューが宰相に。貴族勢力を粉砕、ユグノー派（プロテスタント）を弾圧、国際的位置向上の3政策を断行。ドイツ三十年戦争（1618-48）に参加。

各州に知事（アンタンダン intendant）を置く。ユグノー派の都市要塞ラ・ロシェル市が陥落（1626）。

不思議に妻アンヌ（スペイン王フェリペ3世の娘）は長らく子供を生まなかった。最初の子（ルイ14世）が23年経った1638年に生まれる。誰が真実の父親か。「ルイ14世は宰相マザランの子」説が正しい。即ち、本当はリシュリュー（家）王朝だ。これがフランス国最大の秘密で恥部。

この時代にブルボン朝の絶対主義が完成。次男フィリップ1世（Phiiippe I, 1640-1701）がオルレアン家を創立。兄王家に楯つく。

1642年12月、宰相リシュリュー死。1641年12月に隠し子のマザランをフランスに呼び寄せ枢機卿に。リシュリューの死後、すぐにルイ13世も死。

（『岩波西洋人名辞典 増補版』1981年と、Patrick Weber『Les rois de France』Librio,2004から抜粋・大幅加筆）

来た古臭い頑迷《がんめい》なカトリックの女だから、この女とは仲が悪かった。何と私が調べてはっきり分かったのは、リシュリューはどうも17歳のときにローマの郊外で隠し子を産ませている。それがジュール・マザラン（Jules Mazarin、１６０２－１６６１年、58歳で死）だ。このマザランは世界一周旅行をした（１５２２年）航海士のマゼランとは違う。

このマザランのことを英語でマッツァリーンと言う。このマザランが実の父親リシュリューが死んだあと、次のフランスの総理大臣（宰相）になる。このマザランは、何とアンヌ・ドートリッシュと秘密結婚《マリアージュ・スクレ》をしていた。要するに自分の大嫌いなリシュリューの実の息子と知っていたと思うが、２人で死ぬほど愛し合った。この秘密結婚のことは、フランス史の本に公然と出てくる。しかし、そこで生まれた子がルイ14世だ、は絶対に認めない。

だから私が日本で、公然とバラさなければいけない真実だ。

アンヌ・ドートリッシュはルイ13世の奥様なのに、ルイ13世とは性関係がなかった。では生まれてきたルイ14世は誰ですかといったら、だからマザランの子供なのだ。マザラン自身もリシュリューの子供だ。ということは、このブルボン王朝とはいったい何ですか、という話になる。ヨーロッパの支配階級の人間たちは知っているんだろうけど、フランスの庶民《プープル》には教えない。日本ではまだ書かれていない真実だ。２人は秘密結婚していたという話は有名

マザラン（マッツァリーン）はリシュリューの隠し子で、ルイ14世の本当の父親だ。王妃アンヌ・ドートリシュと秘密結婚をしていた。だから仏ブルボン王朝はリシュリュー王朝だ

祖父

アルマン・ジャン・デュ・プレシー・ド・リシュリュー卿
（1585－1642）

父

ジュール・マザラン
（1602－1661）
17歳のリシュリューが生ませた

マザランの息子

25歳頃のルイ14世
（1638－1715）

顔がそっくり

だ。当時もみんな知っていた。では生まれきたルイ14世はリシュリューの孫じゃないかという話になって、このことは私が暴き立てなければいけない。

『ダルタニャン物語』（*D'Artagnan*）は、アンヌ・ドートリッシュの忠実な家来たちだ。『三銃士』だ。スペイン系だから強固な保守派で右翼だ。任侠《にんきょう》風の暴力団の気風を持っていた。だから人気があった。フランスの右翼思想がこのとき生まれた。

そこから大きな話として次のルイ15世（Louis XV、１７１０－１７７４年、64歳で死）、16世につながる。この話は今はしない。

ルイ16世（Louis XVI、１７５４－１７９３年、38歳で死）はフランス大革命《だい》で首をちょん切られた人だ。奥様のマリー・アントワネット（Marie-Antoinette d'Autriche、１７５５－１７９３年、37歳で死）が続く。それがフランス革命の勃発「イチナンヤッカ」の１７８９年の、4年後の１７９３年のことだ。1月にルイ16世が断頭台で処刑され、10月にマリー・アントワネットが処刑された。どちらも同じパリのコンコルド広場でだ。首をちょん切ったロベスピエール（Maximilien de Robespierre、１７５８－１７９４年、36歳で死）たちも、すぐに首をちょん切られて動乱状況に入る。軍人のナポレオン（Napoléon Bonaparte、１７６９－１８２１年、51歳で死）がそれを収拾《しゅうしゅう》して、帝政《ていせい》を敷いた（１８０４年5月）。この辺《あた》りにくると、

1793年１月21日。パリのコンコルド広場でギロンチンで処刑されたルイ16世

それから９カ月後の10月16日。王妃マリー・アントワネットも同じ広場で処刑された。サンソン家という首切りを専門とする家系がある

みんな割りとよく知っている。

パリの廃兵院《はいへいいん》(アンヴァリッド)という戦死者たちを祀《まつ》る建物の上に大きくリシュリュー卿の肖像画が描かれているそうだ。この真実を知っている者たちは知っている。彼ら今のフランスの権力者たちは、この真実を共有している。

第4章

17、18世紀のヨーロッパ思想界は命懸けの殺し合いの世界だった

ホッブズ、ガリレオ、デカルトが会っていた

話を1645年頃に戻す。

前の方に書いたとおり、フランシス・ベイコン卿の書記、書記係として、聞き書きしながら文章にきれいにまとめる仕事をしていたのがホッブズだった。ホッブズも大思想家だ。ホッブズのソウシアル・コントラクト（社会契約論）が一番優れている。一番優れて、素晴らしい。最悪なのはルソーだ。「自然に帰れ」って、どこに帰るんですか。そんな自然状態なんかどこにあるのか。ああ、私もずっと騙された。中学校時代からルソーに騙された。それを日教組《にっきょうそ》の教師たちが増幅《ぞうふく》していた。

ホッブズは、じつはオランダに渡って、そこでガリレオ、それからデカルトと会っている。私が最近突き止めたのは、ガリレオとデカルトが、1625年ぐらいに、オランダのハーグのコンスタンティン・ホイヘンス（1596-1687）という外交官で音楽家の家で会っている。デカルトとガリレオ、それからホッブズが、出会っている。それで当時の世界最高水準の同じ考えを共有した。デカルトは『ル・モンド』という宇宙論を書いている。

人類の最高の思想家
ルネ・デカルト
René Descartes
（1596-1650）

フランスの哲学者、数学者、自然科学者。オランダのハーグ（仏語 La《ラ》 Haye《エ》）に生まれる。トゥレーヌ州の貴族の出。イエズス会のラ・フレーシュ学院でスコラ的教育を受け（1606-15）、ポアティエ大学法学士（16、20歳）。その間、数学、自然科学等に興味。見習士官となってオランダ（18）およびドイツ（19）に出征し、同年冬「11月10日、驚くべき学問の基礎を発見」と記したのは有名（23歳）。除隊後、北欧、中欧、フランス、イタリアの各地に旅行（20-25）、またパリで光学を研究。再び従軍した（27）。研究と思索の自由を求めてオランダに移り（28、32歳）、『宇宙論』*Traité du monde et de la lumière* を完成したが、ガリレイの断罪（33）を知って公刊を断念。このあと初めて『方法序説』*Discours de la méthode*, 1637 を刊行（41歳）。以後、諸著作を出版。名声を得る。その間、神学者（司祭たち）との不快な論争をした。クリスティーナ女王に招かれてスウェーデンに渡り（49）、翌年ストックホルムで病没。真実はカトリック司祭による暗殺（54歳）。

数学者としても幾何学から代数的方法を生み出した人として有名。哲学（愛知学）においてスコラ学問を克服して新たな思想と体系を確立した。以後の世界に大きな影響を与えたので、近代愛知学の父と言われる。

彼によれば、学問的知識は確実で明証的なものを基礎とすべきだ。そのためには一切の先入見と将来の疑惑を除く必要がある。そこで一旦は全てを疑うが、かく疑いつつある我（われ）の存在を疑うことはできないことを確立した。「我れ思考す　故に我れあり」Cogito ergo sum「コギト　エルゴ　スム」。デカルトは人間の知能が実体（実在）なので、神（宗教）は不要（もう要らない）と否定した。さらに外界の実在を証明して、それぞれ思考とその延長を本性とする我、即ち精神（思考、知能、霊魂）と物体の2つのみを、互いに共通性なき実体（スュブスタンス）として立てた（物・思考2元論）。従って精神（思考）界、物質界は独立に理解され、特に物質界を取り扱う自然学（物理学）は、延長と場所的運動だけから説く幾何学的世界像を展開した。動物を機械と考えた。人間は身体と思考が結合していることを認めた。真の知恵をこの結合に由来する感覚に先在する固有観念（idea《イデア》 innata《インナータ》）から発する理性知に求めた。道徳思想では人間の自由意志を認め、これが与える満足に真の幸福を求めた。

ガリレオはフィレンツェに帰って2回目の闘いを始めた。１６０９年に木星の4つの衛星、ガニメデとかエウロパとかを本当に見た。自分の大きな手製の望遠鏡で。そのことの真実は噂《うわさ》ですでにわーっと広がっていた。太陽を含めて天体《てんたい》（ホウリー・ボディ、恒星《こうせい》。スター）とその周《まわ》りを周回する惑星《わくせい》（プラネット）で宇宙《コスモス》（ユニヴァース）は出来ていることが証明された。噂が広がった。

ガリレオはこのときローマの異端審問所《いたんしんもんじょ》（Inquisition《インクイジション》、ordeal《オーディール》）に訴えられて、「黙って大人しくしていろ」と言われた。異端審問の裁判にかけられて。しかし、ガリレオはもう我慢できないと言って、本を書いた。『天文対話《てんもんたいわ》』（１６３２年刊。正しくは、*Dialogo*《ディアロゴ》 *sopra*《ソプラ》 *i*《イ》 *due*《ドゥエ》 *massimi*《マッシミ》 *sistemi*《システミ》 *del*《デル》 *mondo*《モンド》）という本だ。2つ目の闘いだ。3人の知識人が話をしたという形式の本だ。だからこれがデカルトとホッブズである。宇宙の真実は、太陽を中心に回っているんだ、としゃべってしまった。

そしたらまた本格的な宗教裁判、すなわち異端審問官（Inquisitor《インクイジター》）にいじめられた。殺されそうになったのだが、メディチ家のコジモ2世たちがガリレオを救い出して、死刑にはならなかった。それは１６３３年のことだ。それでフィレンツェのメディチ家の田舎の別荘に閉じ込められて、目が見えなくなって死んでいく。もうパリとかオランダには行けない。

この話を聞いたデカルトは怖がって、自分も書いていた『ル・モンド』という宇宙論の原稿を焼き捨てて、暖炉の火にくべた。ところがこの『ル・モンド』は、後に復刊されて現存する。私は読んだことがないから分からない。デカルトが書いた『ル・モンド（宇宙論）』の原稿は残っていた。それ以上は知りません。

これらのことから推測できるのは、デカルト、ガリレオ、ホッブズが、オランダで3人で会っていたということだ。もしかしたら、パリでも会っていたかもしれない。ホッブズがオランダでデカルトに会ったあと、フィレンツェまで行ってガリレオに会ったのは史実だ。

1648年にウェストファリア条約ができる。これで宗教戦争が終わった。ヨーロッパの西洋の諸国は、領主様が信じている信仰を、領民たちも持っていいという条約ができた。これでカトリック側が負けて。妥協した。ドイツ「30年戦争」も終わり、オランダのスペイン帝国からの独立も達成された。

その2年後にデカルトが呼ばれて、スウェーデンのクリスティーナ女王の許へ行く。ストックホルムの王宮で風邪にかかってデカルトは死んだということになっている。しかし本当は、イエズス会の司教《ビショップ》（宣教師《ミッショナリー》とも言う）に毒殺された。これは証拠も挙がっていて事実だ。なのになかなかこの真実を今も世界の言論界は見つめようとしない。ローマ教会を敵に回すことが恐いのだ。アメリカのハーヴァード大学の教授たちもお茶を濁《にご》す。公然たる事実なのに。今の今も。これはヨーロッパ思想界の恥部《ちぶ》である。なぜかと言うと、言論の自由が保障されている国でも今でもローマ教会が怖いのだ。だからそれぐらいデカルトが、本気でローマ教会と戦ったということだ。

ここで付言《ふげん》(付け足し)で妙なことをひとつ書く。フランス語の神を表わす Dieu《デュー》は、その元は Deus デウス(ローマ語、✕ラテン語)であろう。これは疑いようがない(ドイツ語は Gott《ゴット》、英語は God《ゴッド》でゲルマン語系)。だがこのローマ語の Deus《デウス》と、ギリシア神話《ミス》の大神《たいしん》の Zeus《ゼウス》は異なる。違う。別ものである。全く別である。このことを明確に腹の底から知っている日本人知識人は私以外にはいない。と言っても、もう白《しら》けることはないだろう。

デウス(これは16世紀に宣教師《ミッショナリー》どもと日本に来た)とゼウス(ギリシアのオリュンポスの12神の中心)は別ものなのだ。ギリシアの神々こそは真に立派な神々で、人間味《み》があって人類に悪いことをしない。全く違う。ところが、ローマ・カトリック教会が、ギリシアのゼウスから泥棒《ドロボー》して、剽窃《ひょうせつ》して「デウス」なるものを作って自分たちの神にしたのだ、と言えば、これでいい。誰でも分かる。まさしくそうなのだ。

ローマ教会というのは、本当に真底悪《しんそこわる》い集団なのだ。パウロ(Paul ポール)という初期のローマ市民（税金徴収役人《タックス・コレクター》）がでっち上げた宗教だ。だからデウスとゼウスは違うのだ。このことを本気で、真剣に考えない者たちに西洋思想は分からない。ニーチェが本気で何に怒っていたのか、分からない。この本ではこれだけにしておく。

ついでに。Polis《ポリス》 と police《ポリス》 の違いを自覚し分かっている日本人もほとんどいない。知識人を気取っているだけのアホたちだ。

デカルトはローマ・カトリック教会に毒殺された

デカルトはカトリック教会によって殺された（54歳）。このことは30年ぐらい前からヨーロッパでヒソヒソと語られ始めた。言い出しっぺは、ドイツの在野の文化史研究家のアイケ・ピース氏（１９４２- ）という人だ。このアイケ・ピースが、西ドイツ時代（１９９０年の東西ドイツ合併の前）の１９８３年に短い論文で発表した。その後、１９９６年の「デカルト生誕４００周年記念の年」に、１冊の著書 *'Der*《デア》 *mordfall*《モルトファル》 *Descartes*《デカルト》*'* としてまとめて出版した。２０００年にその日本語訳『デカルト暗殺』（大修館書店、山内志朗《しろう》訳）が出版され、日本でも一部で話題になった。

デカルトは、女王に招かれて行った先のスウェーデンのストックホルムで、1650年2月2日に発病した。そして9日後の2月11日午前4時に死亡した。この時、危篤状態のデカルトを診察したクリスティーナ女王の侍医ヴァン・ヴレンが、デカルトの死の直後に、ライデン大学医学部時代のかつての学友に出した手紙が発見された。この手紙には、専門家なら間違いなく読み取れるヒ素中毒（arsenic poisoning）の症状が記述されていた。

デカルトが死んだ直後、ストックホルムの宮廷で、そしてパリでもデカルトが暗殺されたという噂がザワザワと立った。

もともと、デカルトは、クリスティーナ女王から、1年前からスウェーデン宮廷への招《しょう》聘《へい》を受けていた。しかし、デカルトは逡巡《しゅんじゅん》してなかなか出発しなかった。ようやく1649年10月になってストックホルムにやって来た。仲立ちしたのは、在《ざい》ストックホルムのフランスの大使シャニュだ。

デカルトはクリスティーナ女王に極寒《ごっかん》のストックホルムの12月に、5回にわたって朝5時から講義した。この時シャニュは、宮廷の決まりに従って、ずっとデカルトの後ろにいて一緒に伺候《しこう》（同席）していた。

『デカルト伝』として有名なバイエの本（1691年刊）では、だから、デカルトは極北の

デカルトが、スウェーデン女王クリスティーナ（中央）に招かれて講義する授業風景。このストックホルムで、カトリックの司祭にデカルトはヒ素で毒殺された！（1650年 2 月、54歳）

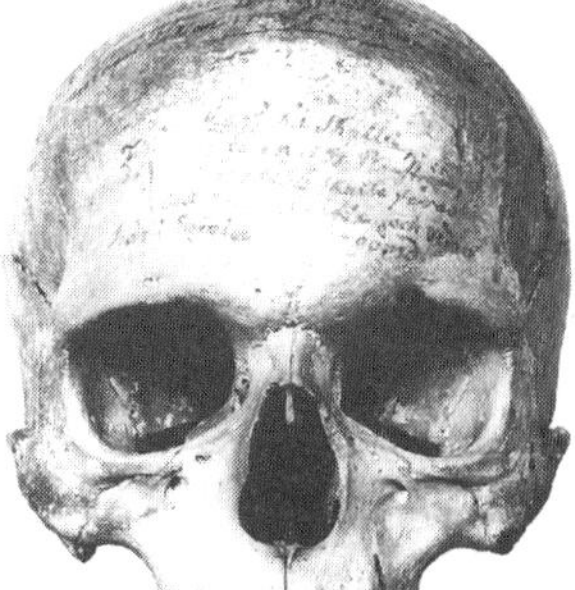

現在、パリ 5 区の自然史博物館に保存されているデカルトの頭蓋骨

を否定するために全力で闘ったのだ

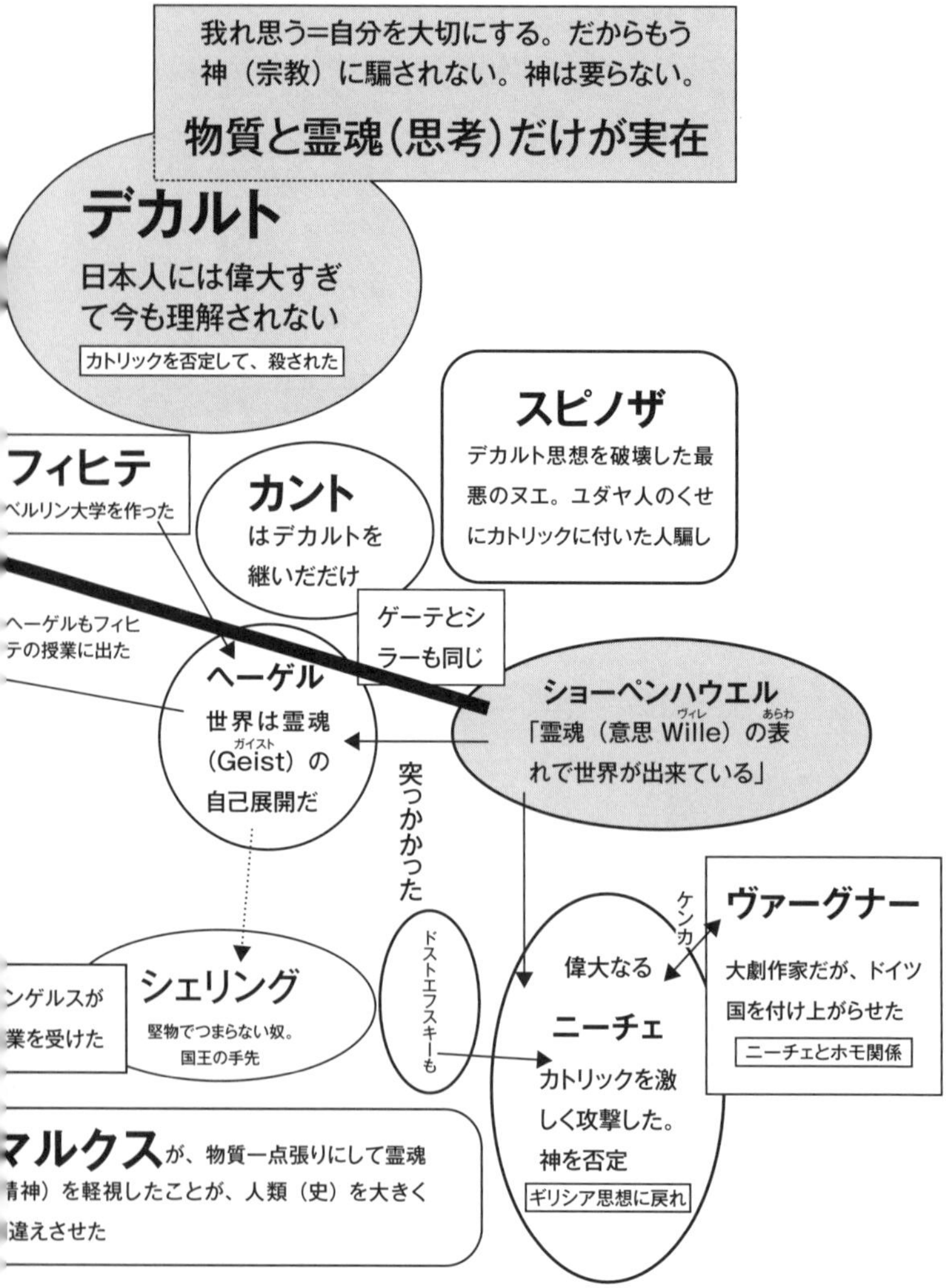
我れ思う=自分を大切にする。だからもう
神（宗教）に騙されない。神は要らない。
物質と霊魂（思考）だけが実在
デカルト
日本人には偉大すぎ
て今も理解されない
カトリックを否定して、殺された
スピノザ
デカルト思想を破壊した最
悪のヌエ。ユダヤ人のくせ
にカトリックに付いた人騙し
フィヒテ
ベルリン大学を作った
カント
はデカルトを
継いだだけ
ヘーゲルもフィヒ
テの授業に出た
ゲーテとシ
ラーも同じ
ヘーゲル
世界は霊魂
(Geist《ガイスト》）の
自己展開だ
ショーペンハウエル
「霊魂（意思 Wille《ヴィレ》）の表《あらわ》
れで世界が出来ている」
突つかかった
ヴァーグナー
大劇作家だが、ドイツ
国を付け上がらせた
ニーチェとホモ関係
ケンカ
偉大なる
ニーチェ
カトリックを激
しく攻撃した。
神を否定
ギリシア思想に戻れ
ドストエフスキーも
シェリング
堅物でつまらない奴。
国王の手先
ンゲルスが
業を受けた
マルクスが、物質一点張りにして霊魂
青神）を軽視したことが、人類（史）を大きく
違えさせた

ヨーロッパの大《だい》思想家たちは、神（宗教）

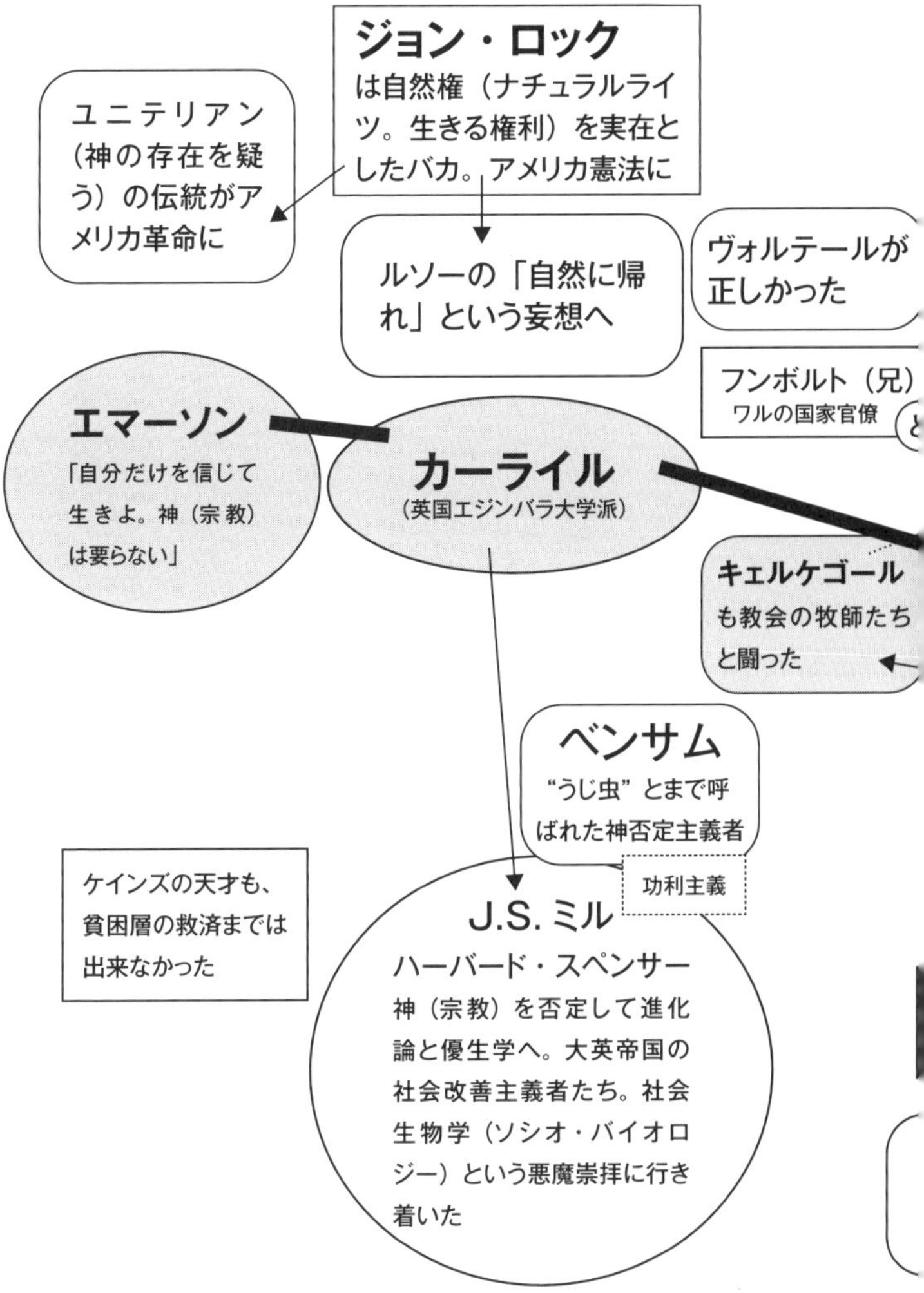

ジョン・ロック
は自然権（ナチュラルライツ。生きる権利）を実在としたバカ。アメリカ憲法に
ユニテリアン（神の存在を疑う）の伝統がアメリカ革命に
ルソーの「自然に帰れ」という妄想へ
ヴォルテールが正しかった
フンボルト（兄）
ワルの国家官僚
エマーソン
「自分だけを信じて生きよ。神（宗教）は要らない」
カーライル
（英国エジンバラ大学派）
キェルケゴール
も教会の牧師たちと闘った
ベンサム
“うじ虫”とまで呼ばれた神否定主義者
功利主義
ケインズの天才も、貧困層の救済までは出来なかった
J.S. ミル
ハーバード・スペンサー
神（宗教）を否定して進化論と優生学へ。大英帝国の社会改善主義者たち。社会生物学（ソシオ・バイオロジー）という悪魔崇拝に行き着いた

地の気候に耐えきれず、インフルエンザにかかったあと、肺炎を起こして死んだ、ということになっている。だが、400年前の当時、デカルトの死後に流れた噂は、犯人はデカルトの招聘を快く思っていなかった文献学者（フィロロジスト）たちだろう、という推測だった。

クリスティーナ女王は優秀な頭脳をしていた。彼女は〝北方のミネルヴァ（知の化身《けしん》）〟〝10番目のムーサ（ミューズ。妖精）〟とあだ名され、10か国語を話したと言われる。この文化君主であるクリスティーナ女王に、デカルトは最初に謁見《えっけん》した際、「そのような歳《とし》（当時23歳）になって、まだギリシア語を学んでいて恥ずかしくないのですか」と言ったという。だから、それでクリスティーナ女王と周りの取り巻きで博学な知識人である侍従（courtier《コーティアー》）である文献学者たちの恨みが募《つの》ったのではないか、とバイエは書いた。しかし、最大の容疑者は文献学者《フィロロジスト》ではない。

最大の容疑者は、駐フランス大使館の礼拝堂付き司祭《プリースト》で、アウグスティヌス修道会士だったフランソワ・ヴィヨゲだ。この男が一番怪しい。このヴィヨゲは、ローマから「クリスティーナ女王をカトリックに改宗させよ」という密命をローマから受けていた。スウェーデンは、ローマ教会及びウィーンの神聖ローマ帝国と対抗したプロテスタント同盟の雄《ゆう》である。カトリックの支配がイヤでイヤで、もう堪らないと感じていた北ヨーロッパの人々の考えを代表していた。実際、クリスティーナは、デカルトの死の3年後（1654年）に自ら望んで退位して王冠を脱ぎ、グスタフ10世に譲位した。そして暖かい南の国で永住するためにローマに旅立った。

アイケ・ピースの本から引用する。

……クリスティーナがデカルトの死んだことに良心のとがめを感じなかったことは、彼女の伝記から予想できる。のちに、かつての寵臣《ちょうしん》モナルデスコ伯爵が自分にとって政治的に危険な人物になる懸念を感じたとき、彼女は造作もなくモナルデスコを暗殺させたこともある（1656年）。それに加えて、ヴァニーニ師が、ローマの劇場に雇われていた女性歌手アンジェリーナ・ジェオルジニの寝室に無理矢理入り込み、性行為を行い逃走した際には、クリスティーナは、密偵の1人にその変質者を殺害するように命令したこともあったのだ。

カトリックに改宗しようということは、1649年の時点ではまだ心の奥に隠された秘密であった。やっと、1651年8月2日、彼女はイエズス会神父アントニオ・マチユドに、ルター教会を離れる意図があることを打ち明けた。ローマ法王庁はさっそく反応し、2人の自然科学の教授をストックホルムに送り込んできた。1人は、フランチェスコ・マリネス、もう1人はパオロ・カサティ。この2人はのちにイエズス会士であることが分かった。このイエズス会士たちは最後にはクリスティーナの敵となる。まもなく彼らはクリスティーナの改宗の真の理由に気づく。王宮の職務という束縛から逃れ、彼女の回りにいる「野蛮人」を見捨て、ローマで南国の太陽の下で生きるためだったのだ。1654年、クリスティーナがローマに旅立つ少し前、女王に関する秘密の報告の中で次のように報じられている。彼女の評判は悪く、神も宗教も認めず、説教者をそばに寄せ付けず、無神論的《エイシイズム》な話をしている、と。これは誹謗中傷だったのだろうか?

ともかく、プロテスタントの大国の女王が改宗するというのに、ローマ法王庁がこの勝利の機会を見逃すはずはない。1654年2月11日、ちょうどデカルトの3回目の命日に、クリスティーナは帝国国会に退位する意図を表明した。1654年6月6日、彼女は王冠を脱ぎ、彼女のいとこでかつての婚約者カール10世グスタフに譲位した。彼女の公式の改宗はインスブルックで1655年11月3日になされた。そして12月20日、教皇が壮麗な仕方で彼女を迎え入れたのである。そのローマで、彼女は1689年4月19日火曜日に、62歳と4か月11日の生を終えた。彼女の最後の憩いの場所はサン・ピエトロ大聖堂だった。

クリスティーナは、1650年、「自分の師」デカルトの死を知らされたとき、突如として涙にくれたとされているが、これはありそうもないことだ。デカルトは、彼女の側にいたわけでもないし、彼女はその哲学にさほど興味を持っていなかった。デカルトはそもそも「彼女の師」でもなかったのだ。彼女が、オランダ人の侍医ヴァン・ヴレンをデカルトの病床に派遣したのも、彼女自身が命じたことではなく、シャニュが医師の派遣を願い出て、クリスティーナのほうはシャニュに親近感を感じていたから実現したことだ。もっとも、彼女の賓客《ひんきゃく》が目の届くところで暗殺されたのだから、その客が毒を盛られたとの知らせとその死に動揺したことは十分考えられるが。

彼女が1667年に回想録の中で、「デカルトはシャニュとともに彼女に最初の啓蒙を施し、我々の名誉ある改宗に大いに貢献した」と書いた理由は謎である。デカルトが、フラインスハイム（帝国歴史官）のいるところで、女王と4、5回しか会話を交わさなかったことを考えた場合、彼女の主張はまったく理屈に合わないものに思われる。彼女は、遅まきながら哲学者の名誉を回復することでローマ教会に仕返ししようとしたのか（というのも、ローマ教会は1663年デカルトの著作を「禁書目録」に含めたからだ）。もしくは教会ないし教会の支持者の1人が、自由思想家の殺害に関わりを持ったという疑惑を退けたい気持ちがあったためなのだろうか？　もちろん、我々に分かるところではない。とにかく、彼女がデカルトを殺害せよ、という指図を出したことはありそうにない。

（アイケ・ピース『デカルト暗殺』大修館書店、2000年、117-119ページ）

このクリスティーナ女王は、「三十年戦争」（1618-1648年）の時の、プロテスタント側の大英雄である、あのグスタフ2世アドルフ（戦死した）の娘である。スウェーデン王家は、その後の歴史的転変《てんぺん》で、現在はヨーロッパ人からブツブツと悪口を言われている。ベルナドット将軍（ナポレオンの幕僚《ばくりょう》）だった軍人が、スウェーデン王家に入り込んで、王女と結婚して国王になった。カール14世ヨハン（Karl XIV Johan、1763-1844年、81歳で死）である。この後、ベルナドットはナポレオンを裏切って、連合国軍側について生き延びた。ベルナドットは、策略でスウェーデン（人）をその後、悪い国家にした。現在のノーベル賞（ディープステイトの道具のひとつ）を授与しているのもワルのスウェーデン王家である。

だが、1632年にグスタフ・アドルフ2世王は、プロテスタント連合のために最先頭で戦い死んだ。大変立派な国王だった。

その娘のクリスティーナがカトリックに改宗《コンヴァージョン》とは何たることだろう。普通はそう思う。しかし、このクリスティーナ女王の改宗は、かなり個人的な理由だ。もともと自由主義者（リベラル思想。反カトリック）であるから、無神論者（エイシイスト athe-ist）だという説もある。そして生来の両性具有者《ぐゆう》（androgynus《アンドロギュヌス》）であるとの噂もあった。この女王は、自分が政治抗争で殺されないで生き延びるために、改宗して故国を脱出した。

女王の改宗のための手引きを、真犯人のヴィヨゲがしたのだ。デカルトがストックホルムに招聘《しょうへい》されることが決まって、ヴィヨゲは慌てた。自分にローマ教会から与えられていた任務《ミッション》（使命）である、女王を改宗させることという目的に、すでにヨーロッパの自由思想界の巨頭であるデカルトは明らかに邪魔だった。

アイケ・ピース氏の推測はそこまで、である。しかし、体制側の伝記であるバイエの『デカルト伝』が、犯行者ヴィヨゲ神父（司祭）に関係する記述で、「デカルトが死亡するほんの数時間前に、ヴィヨゲは宣教の旅から戻った」とアリバイを主張している。バイエは意図してそう書いたと、ピースは書いている。その通りであろう。当初、文献学者たちが怪しいと噂を流したのも、当の真犯人のヴィヨゲその人であった。

アイケ・ピースの本から引用を続ける。

……このアウグスティヌス会修道士は、「北方諸国への教皇派遣宣教師」として、〈至福を与える、唯一の教会〉の懐《ふところ》に女王を引き戻す任務をヴァチカンから委任されていた。彼以上に打ってつけの人物は見あたらなかった。ヴィヨゲはストックホルム在住のフランス人を介さないで女王に直接拝謁《はいえつ》することができた。ローマでは、１６４９年の末にスウェーデンのフランス大使に任命されたシャニュが、クリスティーナ女王から特別に信頼されているとの報《しら》せがもたらされた。このような好機を逃すはずもない。

ヴィヨゲ神父は、１６４９年10月、自由思想家デカルトが女王に現代哲学《フィロソフィ・モデルン》を教授するためにストックホルムにやってきたとき、どんな策略を巡らせたか？　彼は、ことのほかシャニュに賞賛され、庇護されているその人物（デカルト）によって、自分のこれまでの宣教師としての努力が無駄になると心配しなかったはずがない。

ヴィヨゲの心配は、当たっていた。12月に、シャニュ夫人と、彼女のまだ十代半ばの子供たちを教育するための、宵《よい》の語らいの際に、「神と世界について」デカルトと詳しく論じ合う機会があった。その時、シャニュは大使の辞令を受け取るため、フランスに戻っていた。その折、ヴィヨゲは〝デカルトの危険な哲学〟を詳しく知ることができた。ユトレヒト事件（1641年、『省察《せいさつ》』〝*Meditationes*《メディタツィオーネス》 *de*《デ》 *prima*《プリーマ》 *philosophia*《フィロソフィア》〟を発表したデカルトがユトレヒト大学から無神論者《エイシイスト》と非難された事件）以来、デカルトは、公式に神学・自然科学の議論をする際には用心に用心を重ねてきた。それなのに、この私的な会話のときは「無邪気に」用心しないでいた。ヴィヨゲは利口だったので、自分の敵対者の燦然《さんぜん》たる知性のほうが優れていることに気づき、デカルトの議論に対しては、教会が常日頃主張している一般的教義しか呈示できなかった。侍医ヴァン・ヴレンの書簡において、「最近彼（デカルト）を無神論者として非難したのは理由ないわけではない」とされた「ある神学者」とは、ソルボンヌで神学博士号を獲得したこのヴィヨゲのことであったかもしれない。まさか、この神父がデカルトの友人（味方）であるはずはない。

　ヴィヨゲは、デカルトと共に、（大使公館という）同じ屋根の下に住み、いつでも誰にも妨げられることなく会うことができた、数少ない人物の1人である。それに加えて、彼には「この異端者《ヘレティック》を片づけたい」という強い動機を持っていた。女王をカトリックに改宗させるという己れの秘密の任務に、デカルトは邪魔だと、この宣教師は判断したに違いない。これは宿命的な誤解であった！　というのも、クリスティーナを「正しい信仰」に立ち戻らせる必要などなかったのだ。彼女は、この時すでに、王冠を脱ぎ、カトリックに改宗する決心がついていたからだ。とはいえ、信仰心のためではなく、まったく個人的な目的と利害からではあったのだが。

ヴィヨゲは、自分の肩書きに見合った働きを示そうとしてせっぱ詰まっていた。狂信者であれば、「目的は手段を正当化する」というモットーを携えれば、目的のために殺人でさえ尻込みしないのだろうか？　我々は推測しかできない。

驚くべきは、バイエが1691年のデカルト伝で、この有名な神父に、あとあとになってからアリバイを与えたことだ。このアリバイは、報告されている同時代の原《げん》史料をいくら探しても、まったく裏付けがとれないものである。デカルトが死ぬ間際《まぎわ》に、ヴィヨゲ神父が呼ばれたが、ヴィヨゲ神父は「同じ晩に宣教の旅から戻ったばかりだった」というアリバイである。なぜことさら、デカルトが病気の間、事実を隠して、聖職者が不在であったと強調したのか。デカルトの最期を記す際には、こういった記述はほとんど意味を持たない。ただし、バイエに、「デカルトの殺害者はヴィヨゲであった」という、後で広がる噂に対抗する意図があったのなら話は別である。当時でさえ、他にも、本当の動機と犯罪を遂行することでの利益から、真犯人が誰かの論理的結論に到達する人物はいたはずである。

もしバイエが述べたヴィヨゲのアリバイ（現場《げんじょう》不在証明）が虚偽のものであれば、ヴィヨゲが殺人者であることは疑いないこととなる。そして、もしヴィヨゲが実際に2月1日から10日までストックホルムにおらず、宣教の旅に出ていたとしても、大使館の料理人か召使いに殺人を任せることは可能だったはずだ。それならば、彼は旅に出ていたと言うことで、絶対確かなアリバイを手にすることができる。死の前日の夜も、デカルトはもはや自分の身を敵から守ることもできず、シャニュ大使に向かって「眼の語る言葉」でのみ意思（即ち「自分は殺される」という）を伝えることができただけだった。

（アイケ・ピース前掲書、124－126頁。一部訳文を読みやすくした）

ほぼこの記述が1650年のデカルトの死から374年経《た》った今でもなお、真実であろう。

現在、デカルトの遺骨の束は、パリ6区のサン＝ジェルマン＝デ＝プレ教会に有る。そして頭蓋骨（下顎《したあご》部分は無し）だけは、隣のパリ5区の国立自然史博物館に保管されている。だから、この2つをDNA分析とヒ素中毒分析しさえすれば、デカルトが毒殺された真実は明らかになる。だが、フランス政府は分析許可を出さないままピースの『デカルト暗殺』刊行から28年が経った。当然、ローマ・カトリック教会が、自分たちの悪事が暴露されるのをヒドく恐れて、検査をさせないのである。

実在するものは物質と霊魂のみ

ルネ・デカルトが今なお世界最大で、最高の思想家である。このことは最近、世界中ではっきりしてきた。この気運《きうん》がますます高まっている。このことを、日本にいて、日本の在野の研究者のまま、それでもおそらく今の日本で一番、敏感である、私、副島隆彦が厳しく鋭く感じ取っている。

デカルトというダントツで世界で第一等賞の×哲学者《フィロソファ》を、何故もっと強く高く評価しないのだ、日本でも。何が一体、その阻害要因なのか。

ちなみに、この哲学（フィロソフィ）という日本語訳《やく》の言葉が私はずっと嫌いだ。×科学と同じく嫌いだ。日本語への無《む》理解訳語《やくご》の2大巨頭である。英語のサイエンス（science、フランス語でスィヤンス、ローマ語でスキエンティア scientia、ギリシア語でエピステーメー epistēmē）は、近代学問と訳すしかない。同じように philo-sophy《フィロソフィ》 は「愛する」「知を」で、

物質（もの）と霊魂（スピリット）の2つだけで、この世の中（世界）は大きく出来ている。だから神（宗教）は要《い》らない

この世は2つで出来ている **物　質** と **霊魂（思考）**

2元論《デュアリズム》である	matter《マター》 物質	と（and） soul《ソウル》、spirit＝mind 霊、魂　霊魂　思考、知能
古代ギリシア哲学のアリストテレスは	hyle《ヒューレ》（Archē《アルケー》も） 質料《しつりょう》 Physica《フィジカ》 形あるもの、自然学 物理学 Metaphysica《メタフィジカ》 形を成す前の基礎、土台の学問×形而上《けいじじょう》学	eidos《エイドス》 形相《けいそう》　幻影 先生のプラトンのidea《(ア)イデア》もここに入る。たとえば「こういう家を建てたい」という形相が完成したその家に入っている。これがeidos＝ideaだ。
ヨーロッパ近代哲学のデカルト（仏）は物資と霊魂2元論（×身心2元論は間違い訳）	仏語ではmatière《マティエール》 l'esprit et le corps 人間の体は物質　corps《コール》＝body《ボディ》	と（et《エ》） l'esprit《レスプリ》＝spirit《スピリット》 霊、魂、霊魂 cf. l'âme
現代の英語では	**matter《マター》** 物資 material《マテリアル》, physical《フィジカル》	**mind《マインド》** 思考、知能、精神 （×心は誤訳）
カント（独）は理性《フェアヌンフト》（Vernuft、Reason《リーズン》、raison《レゾン》）と合理（Ratio《ラティオ》、ratio《レイシオ》）も	Materie《マテーリエ》 物質 ＝ Gegenstand《ゲーゲンシュタント》 'Leib unt Seele《ライブ ウント ゼーレ》'　肉体と精神	と（und） Geist《ガイスト》 精神、思考、知能 ＝ Seele《ゼーレ》, Gespenst《ゲシュペンスト》 霊、魂　幽（亡）霊、幻影
ヘーゲルは	……	世界はWeltgeist《ヴェルトガイスト》の自己展開 世界精神 ↓ Geist ‖ 精神 ghost《ゴースト》 幽霊、妖怪、お化け 「共産主義という幽霊《ゲシュペンスト》（精神、妖怪）が世界をうろついている」
マルクスは	Materialismus《マテーリアリスムス》 物資（だけ）主義　唯物論《ゆいぶつろん》 これがマズかった	

本当は愛知学《あいちがく》と訳すべきである。フィロ（愛する）ソフィア（知恵、知識、知性）の学問のことである。だから、今後は、✖哲学者は愛知者《あいちしゃ》（フィロソファ）と訳すべきだ。愛知県（尾張《おわり》と三河《みかわ》の2国から成る）は、このフィロソフィから採《と》ったのでしょ？　私がこれを書くと、必ず、「イヤ、違う」という異様な攻撃がどこかから必ず加わる。バラされてはいけない何か大きなたくらみがあるようだ。フィロは「愛する」という意味であって、フィロロジー（philo-logy）で文献《ぶんけん》学、大量の書物を愛好するという学問が別個にある。

デカルトが世界最高の知識人であるのだ。前ページの図表のとおり、古代のアリストテレスを横に置けば。このことは、最近の欧米の白人知識人たちの間でも再確認されつつある。なぜ、デカルトが、何という文章を書いたことで、世界一なのか。それをこれから私が説明する。それは、やっぱり前ページに私が大きく載せた1枚の図表である。ここでデカルトは「この世（世界）は物質《マティエール》と霊魂《エスプリ》だけから成る。だから神（デュー。デウス）は要《い》らない」と言い切ったからだ。「神と、従って宗教も要らない」と断言したからである。これにローマ・カトリック教会が怒り狂った。当然ながら、神（宗教）は要らない、となると、自分たちの坊主（僧侶）も要らない、存在意味がない、ということが大きくバレてしまったからだ。これを人類史上、初めて、デカルトが敢行《かんこう》した。だからデカルトが人類最大級に偉大なのだ。

たったこれだけのことだ。本当にこれだけ。そうすると、当然にこのデカルトに対して、カトリックが激しい憎しみを込めて暗殺した。デカルトの思想（イデー）についてはあとの方で詳しく説明する。

この私の本では、ここで急激に先を急ぐ。読者のことなど知ったことかで、急先鋒で先駆（ハービンジャー）する。何よりも、赤く焼け爛《ただ》れた、長年隠されたままの大きな真実を急いで摘出して先に見せるべきだからだ。

このデカルトの思想を分かり易く解説した本を書いたはずのスピノザの『デカルトの哲学原理』“*Principia*《プリンキピア》 *philosophiae*《フィロソフィエ》 *cartesianae*《カルテシアネ》”（１６６３年刊）が、ヨーロッパ中で、ドカーンと読まれて、王様たちにまで読まれた。ところが、このスピノザという男はとんでもない喰わせ者だった。デカルトが死んだ（暗殺された）１６５０年からたった13年後に、この安チョコ本のデカルト解説本を出すことで、ものすごく有名になった。

それなのに、スピノザは、まことにタチが悪いことに、このデカルト解説本自身でデカルト思想を切り刻んで、デカルトを2度暗殺した。スピノザ、許さん！　断じて許さん！　お前の本性《ほんしょう》を、私、副島隆彦が日本人思想家の命に替えて、暴き立て白日《はくじつ》（昼間の光《ディライト》）の下《もと》に

大思想家たちの生死の重なり

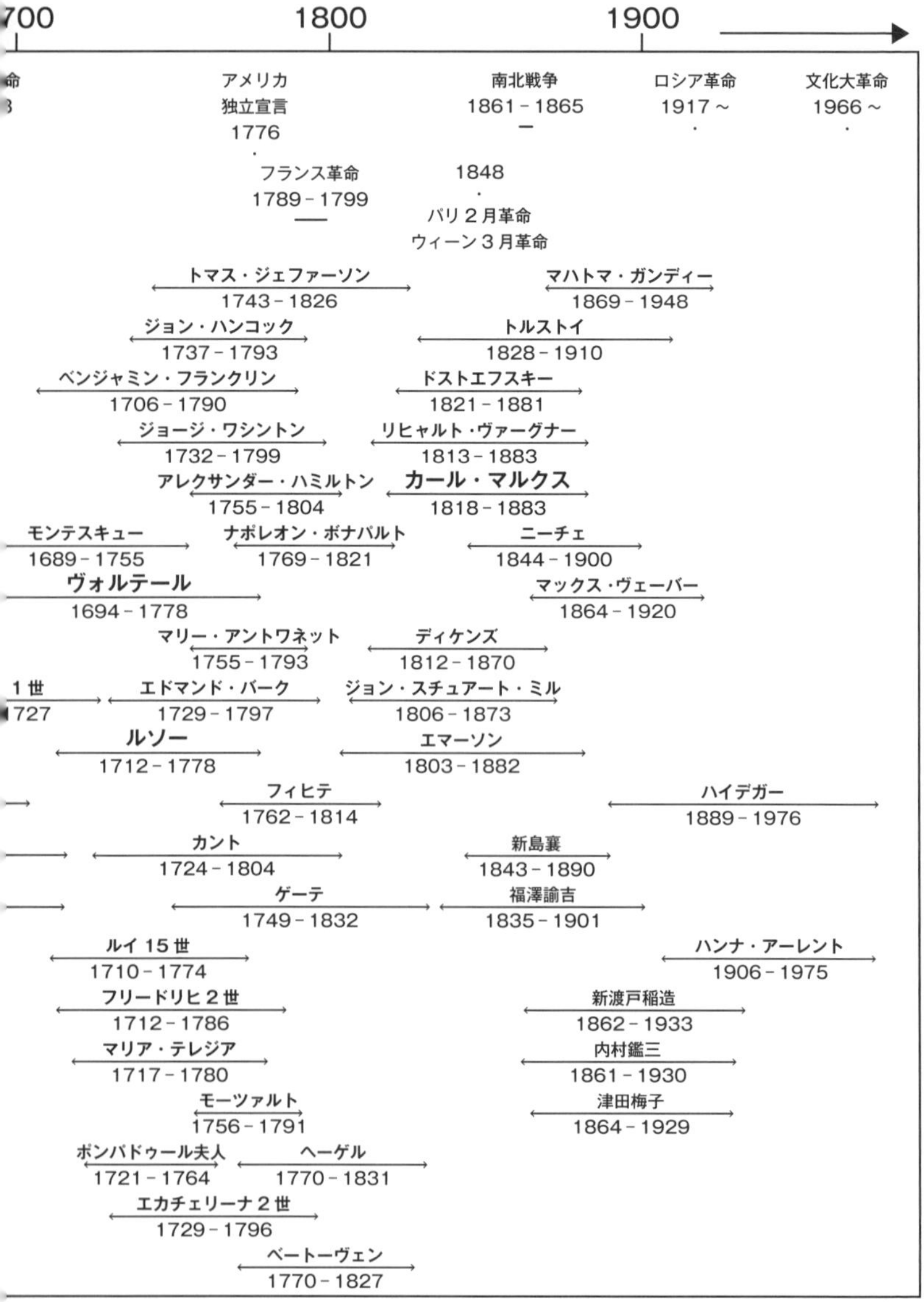

700
1800
1900
命
3
アメリカ
独立宣言
1776
南北戦争
1861-1865
ロシア革命
1917～
文化大革命
1966～
フランス革命
1789-1799
1848
パリ２月革命
ウィーン３月革命
トマス・ジェファーソン
1743-1826
マハトマ・ガンディー
1869-1948
ジョン・ハンコック
1737-1793
トルストイ
1828-1910
ベンジャミン・フランクリン
1706-1790
ドストエフスキー
1821-1881
ジョージ・ワシントン
1732-1799
リヒャルト・ヴァーグナー
1813-1883
アレクサンダー・ハミルトン
1755-1804
カール・マルクス
1818-1883
モンテスキュー
1689-1755
ナポレオン・ボナパルト
1769-1821
ニーチェ
1844-1900
ヴォルテール
1694-1778
マックス・ヴェーバー
1864-1920
マリー・アントワネット
1755-1793
ディケンズ
1812-1870
１世
727
エドマンド・バーク
1729-1797
ジョン・スチュアート・ミル
1806-1873
ルソー
1712-1778
エマーソン
1803-1882
フィヒテ
1762-1814
ハイデガー
1889-1976
カント
1724-1804
新島襄
1843-1890
ゲーテ
1749-1832
福澤諭吉
1835-1901
ルイ 15 世
1710-1774
ハンナ・アーレント
1906-1975
フリードリヒ２世
1712-1786
新渡戸稲造
1862-1933
マリア・テレジア
1717-1780
内村鑑三
1861-1930
モーツァルト
1756-1791
津田梅子
1864-1929
ポンパドゥール夫人
1721-1764
ヘーゲル
1770-1831
エカチェリーナ２世
1729-1796
ベートーヴェン
1770-1827

ヨーロッパの王と

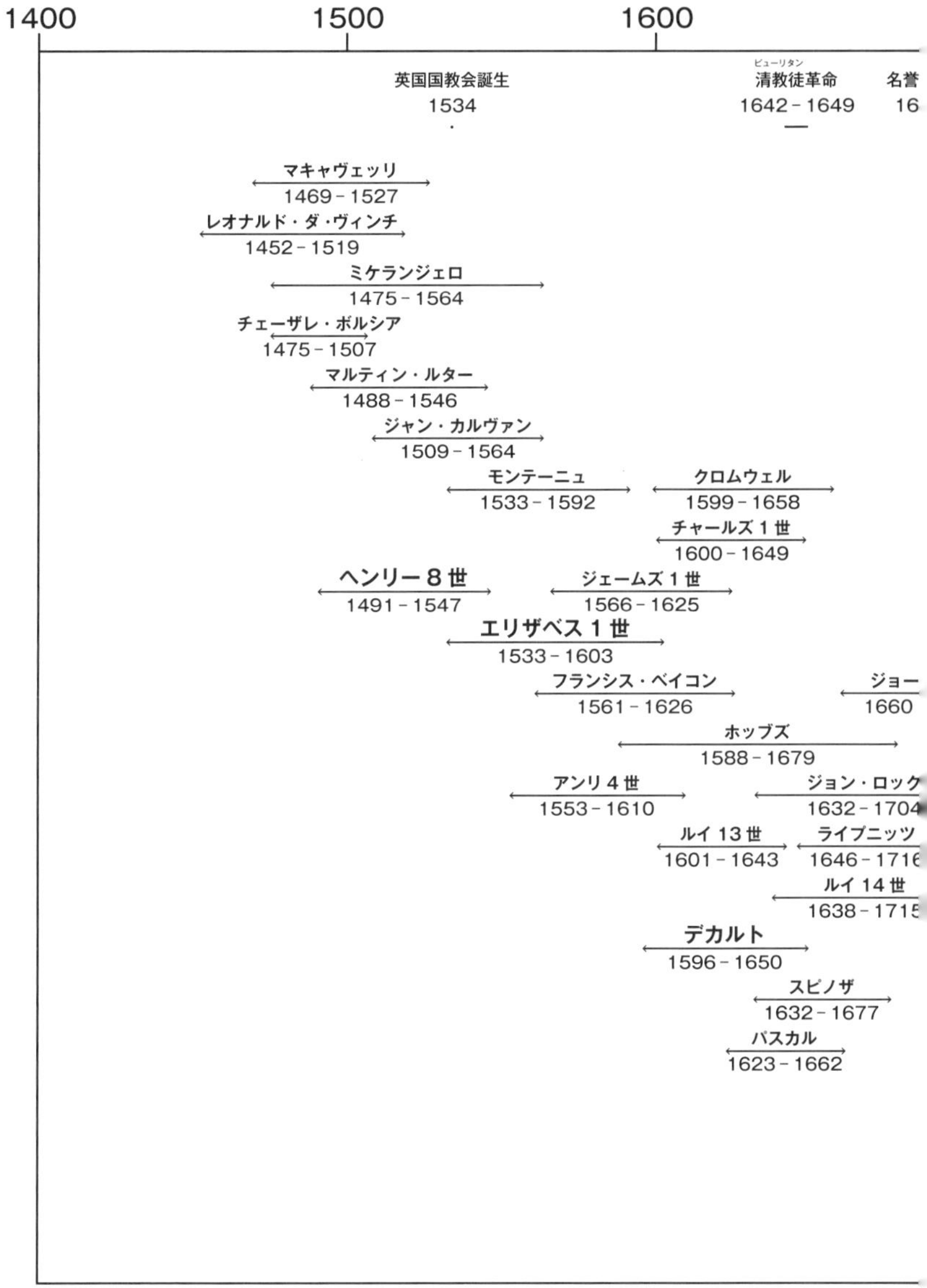
1400
1500
1600
英国国教会誕生
1534
清教徒革命《ピューリタン》
1642 - 1649
名誉
16
マキャヴェッリ
1469 - 1527
レオナルド・ダ・ヴィンチ
1452 - 1519
ミケランジェロ
1475 - 1564
チェーザレ・ボルシア
1475 - 1507
マルティン・ルター
1488 - 1546
ジャン・カルヴァン
1509 - 1564
モンテーニュ
1533 - 1592
クロムウェル
1599 - 1658
チャールズ1世
1600 - 1649
ヘンリー8世
1491 - 1547
ジェームズ1世
1566 - 1625
エリザベス1世
1533 - 1603
フランシス・ベイコン
1561 - 1626
ジョー
1660
ホッブズ
1588 - 1679
アンリ4世
1553 - 1610
ジョン・ロック
1632 - 1704
ルイ13世
1601 - 1643
ライプニッツ
1646 - 1716
ルイ14世
1638 - 1715
デカルト
1596 - 1650
スピノザ
1632 - 1677
パスカル
1623 - 1662

晒《さら》してやる。

デカルトがせっかくこの世界は「物質（la matière、ラ・マティエール）と霊魂（l'esprit、スピリット）の2つだけが実在（スュブスタンス。ウーシア）である」。これが「物質・霊魂（＝思考（×心。バカ））2元論（デュアリズム）」である、と断言して決めつけた。これだけでいい。それなのに、スピノザのバカ野郎は、何と、何ともう一度、この「物質と霊魂の2つだけが実体（実在）である」を混ぜ合わせて、さらにもう1回、その上から神（デュー。ゴッド）によって統一する、という1元論（モニズム）でデカルトを殺して、デカルトの人類最大の大業績を叩き壊した。これが有名なスピノザの「汎神論的1元論《はんしんろんいちげんろん》」だ。

私の見方からは、スピノザという男は許し難い。こいつはオランダユダヤ人（スファラディ・ジュー）であるのに、自ら進んでカトリックにわざわざ改宗した飛んでもない変節漢だ。このスピノザを再評価して崇《あが》め奉《たてまつ》ったのが、現代思想《モダン・ソート》のフランス人たちである。本当に根っからタチの悪いフランスのユダヤ系の知識人たちである。この者たちがポスト・モダンというアンポンタンの政治思想運動をやった。これが1980年代にドカーンと、日本にもすぐに移ってきて流行《はや》ってはびこって、どうしようもなかった。私は50年前のあの時代を冷酷に厳格に思い出す。あの時、「ポスト・モダンのアンポンタンども」と書いたのは私である。

誰からも相手にされなかった。私もまだ20代のガキだった。それでも私は「1970年代を境に、仏、独もアメリカ帝国の属国（トリビュータリィ・ステイト）になったのだ」と冷酷に判断していた。だから独仏がアメリカ現代政治思想に勝てるわけがない、と書いた。

このポスト・モダンの別名を構造主義（ストラクチュアリズム）とも言う。このおフランスポスト・モダンのええかっこしいのジャック・デリダやジル・ドゥルーズ、フェリックス・ガタリなどの飛んでもないチンドン屋どもを崇め奉って、日本で大宣伝をしたのが、柄谷行《からたにこう》人《じん》と浅田彰《あさだあきら》という喰わせ者の日本知識人たちだ。柄谷行人はついに最後の最後の段階で、馬脚を現して、自分はカトリック教徒であると表明した。そして2023年4月に、カトリック教徒のアメリカの富豪《ふごう》が作ったバーグルエン賞とかいうおかしな「思想界のノーベル賞」をもらった。

私、副島隆彦は、公然と今も（50年前から）吉本隆明主義者《りゅうめいしゅぎしゃ》である。だから、吉本が、早くも1970年代末に、「この男はダメだ」と自分の思想的弟子だった柄谷行人（安保ブントである）を批判し切り捨てた。だから、それ以来、私たち吉本主義者は、柄谷を馬鹿にしている。彼の著作など足蹴《あしげ》にされてきた。

最近の若手では國分功一郎《こくぶんこういちろう》という巧妙《こうみょう》なやつが出て来ている。柄谷行人ほどはカトリッ

オランダの哲学者。スファラディ（スペイン系）ユダヤ商人の子。ユダヤ教団の学校でヘブライ語その他宗教教育を受けた。ユダヤ神学、神秘思想を学んだ。西欧近代思想に興味を持ち、数学、自然学（物理学）、デカルト思想に傾倒して、自由思想家たちと交わった（1654、22歳）。ユダヤ教会から破門された（56、24歳）。レインスブルクついでフォールブルクに居住、父親の遺産で専ら思索して過ごした。『デカルトの哲学原理』*Principia philosophiae cartesianae*, 1663（31歳）で名声を博して、各国王にまで読まれた。のちハーグに移り（70、38歳）、『神学政治論』*Tractatus theologico-politicus*, 1670 のために無神論者《エイシスト》と疑われた。ハイデルベルク大学からの招きを辞退した（72）。十数年を費やして完成した（75）主著の『倫理学（エチカ）』*Ethica ordine geometrico demonstrate* は、生前刊行できなかった。

ところが、スピノザは、デカルトの思想を裏切って、カトリックの神（デュー、デウス。ギリシアの大神ゼウスではない）に回帰し、若いときに学んだユダヤ神学と神秘思想に秘かに戻った。デカルト思想を否定して、20世紀のユダヤ知識人たちの思想につながった。唯一絶対の神とその実在を信じ、これに厚かましくも、デカルト思想を綜合することで、汎神論的一元論（pantheism monism パンセーイズム・モニズム）を立てた。

デカルトが実体（実在）とした物体と精神（霊魂、思考）の2つのみ、をひっくり返して、神を唯一の実体とし、物体と精神は神の属性（アトリブートゥム。その延長と思惟）に過ぎないと解釈した。物と思考の両界の事象は神のほかにはなく、実体（実在）の様態として「神即自然」をスピノザは主張した。ここで完全にデカルトを否定した。

物と思考の両界は、等しく神から発する因果法則に支配され、そこには自由や偶然は存在しないという「決定論」である。まさしく「神が全て」の汎神論（パンセーイズム）である。ここでデカルト思想を破壊した。

理性の最高の働き即ち認識は、神との必然の関係において、即ち「永遠の相の下に」Sub《スブ》 specie《スペキエ》 aeternitatis《アエテルニタティス》 物事《ものごと》を直覚することであるとし、これに伴う自足感を「神からの知的愛」（アガペー。恩寵）として道徳の理想と考えた。

スピノザの論述は、無神論、唯物論の振りまでしたことで巧妙にこれらを破壊して、ローマ・カトリック教会に奉仕した。現代フランスの1980、90年代のポストモダンの思想につながった。これらは虚偽の知恵として消滅し去った。

スピノザとは、デカルト思想を破壊するために、ローマ教会とユダヤ教会が送り込んだ最大級のワルの思想家。その後の世界中の知識人たちの頭に大混乱を起こさせた。意味不明の汎神論《はんしんろん》（神が全てである）で。

バールーフ・デ・スピノザ
Baruch De Spinoza（1632-77）
デカルトより36歳下

ク教徒だと名乗らないが、スピノザを偉く高く評価して自分の思想上の神様（信仰の対象）にしている。この男は、早稲田大学の政経学部出だが、生来のその筆力《ひつりょく》（本を読ませる。中身はない）で、ただのアホ学術論文のレベルを超えて一般評論本《ぼん》に近づいたので、東大教授になった。ここにもきっと大きな裏があるだろう。

　ローマ・カトリック教会が文科省の裏にいて、動かしている。NHKも文科省も東大も（そして皇室までも）現在でもローマ・カトリック教会の監視、監督下に実は置かれているのである。だから同じくスピノザを賞賛する安富歩《やすとみあゆみ》のような同性愛者の学者を含めて、スピノザ礼賛で論文を書いている。本当に気持ちの悪いやつらだ。彼らの背後には、現在の世界をまだ支配している欧米白人の頂点のところにいる超《ちょう》財界人たちの意思が働いている。これをザ・ディープステイト The Deep State という。このディープステイトというコトバは、アメリカの特異な思想集団であるジョン・バーチ協会《ソサエティ》が1960年代に使い始めた。この事実を知っているのは、日本では、私、副島隆彦だけである。断言する。お前たち程度では、いくら日本土人《どじん》知識人を名乗っても、たいした西洋教養は身につかない。悔《くや》しかったら私の主著の略称「覇権アメ」（正しくは『世界覇権国アメリカを動かす政治家と知識人たち』2001年刊、講談社＋α文庫）を丁寧に読め。4ページに渡って、細かく書いてある。そのうちきち

正直に真剣に悩み苦しんだことで、却《かえ》って神の否定に向かった

ブレーズ・パスカル

Blaise Pascal（1623-62）

カトリックの中のイエズス会の悪《あく》を激しく糾弾した

フランスの科学者、哲学者。16歳で「円錐曲線論」*Essai pour les coniques*, 1639 を書き、19歳で計算機を考案（1642）。トリチェリの真空の実験を新たな工夫で追試し（47）、流体力学の研究で、流体の圧力伝播《でんぱ》に関する「パスカルの原理」を発見した（48、25歳）。数学の分野では整数論、確率論（賭け事から）、積分法で多くの発見（54-58）。宗教思想家として、早くコルネリウス・ヤンセンの神学に共鳴し、「第1の回心」la première conversion を経験（46、23歳）。その後パリの社交界に入って当時の無神論（エイシイズム）の自由思想家たちと交わった。

やがて社交界を離れ（54、31歳）、同年11月に“決定的回心”la deuxième conversion を経験し、妹ジャクリーヌの後を追って、ポール・ロワイアル修道院で禁欲の生活に入った。ヤンセン派がイエズス会から不当な激しい攻撃を受けたとき（56、33歳）、公開状「田舎者への手紙」*Lettres à un provincial*, 1656-57 を次々に書いてイエズス会の神学と道徳を激しく批判した。この手紙は近代フランスの散文の初めと言われる名文である。同時期にキリスト教弁証法を考案して、その仕組みを断片的に書き残した。これが著名な『パンセ（思索)』*Pensées*, 1670 である。この本は、人間存在が含む矛盾（無限と無、思考と身体、偉大と悲惨）が、信仰の飛躍とキリスト教のアガペー（愛）で解決できる、と突進した。このことで却《かえ》って神（ローマ教会）の解体への道標《みちしるべ》となった。

んと説明する。

このディープステイトが今、ウクライナ戦争ででも、ロシアのプーチンと彼の同志（タワーリシチ）である中国の習近平たちと、世界勢力の土俵で本気でいがみ合っている。明らかに私、副島隆彦は、政治の大天才でフィロソファー・キング（哲人王）であるウラジーミル・プーチン及び中国の習近平の側に立ち、彼らの応援団を日本からやっている。この私の率直を通り越すアッケラカンとした書き方に呆《あき》れ返って言葉を失う者たちのことなんか相手にもしていられない。これが今の世界だよ、低能ども。

以上のことを息せき切って頭《あたま》の所で、どうしても書いておきたかった。

デカルト思想の核心

ここからようやくルネ・デカルトの思想《イデー》を大きく説明する。ちょっと後《あと》の方で、デカルトの超《ちょう》有名な「我れ思う《コギト》。故に《エルゴ》我れ在り《スム》」を説明する。

ところが、私が、私の文章であれこれダラダラとデカルト思想とはこういうことだ、と説明を始めると、「ホントかなあ？ お前の勝手な意見（解釈）なんじゃないの」と言われるに決まっている。あるいは、「そんなの、もっと他のデカルト研究家の文章を読むよ」となる。ところが日本のデカルト学者（言及者《げんきゅうしゃ》）は、誰ひとりデカルトを理解していない。こう書くと、もう私は嫌悪される。だが、私がさらにグサッと、「それなら、これならどうだ」とドス（長刀。本当は短刀ではない）を突き刺すと、さあどうかな。お前たち程度の頭なんか、一撃で刺し通して殺してみせる。

デカルトは、「この世界は、物質《マティエール》と霊魂《エスプリ》（思考）で出来ている。だから神《デュー》はもう要《い》らない」と言ったのだ。神は存在しない、と言った。神については不《ふ》存在の証明さえ要らない、とまで言った（書いた）のだ。

エッ？　本当ですか、となる。だから、このあとは、デカルト本人のコトバ（原文の日本語訳文）を以下に長々と直接、示すから、しっかり読みなさい。

ところが、この日本語訳文（岩波文庫、1997年新訳、谷川多佳子訳）は、デカルトの意思を未《いま》だに理解していないヒドい訳だ。旧訳の方（1967年刊）の方では、デカルトは、「私は、神父たち（神学者《しんがくしゃ》でもある）とのあれこれの論争がわずらわしくていやだ」と正直に訳していた。ところが、新訳の方は、何と、「私はこれらの学者たちといざこざを起こしたくないので」と書いてある。この「学者たち」（les doctes レ・ドクト）とは、当時のスコラ学者（scholastic スコラスティック）と呼ばれた神学者《セオロジスト》（神父でもある）たちだ。彼らはデカルトの時代（1600年代）にはすでに十分に、人々から軽蔑されていた。この事実を今の日本の私たちは知らなければいけない。岩波書店でさえ、こういう思想、学問詐欺《さぎ》を平気でやるのだ。ここには何か裏に大きな策略がある。私は今後、堂々とこの問題に立ち向かう。

それでは、デカルトの有名な『方法序説』"*Discours de la méthode*, 1637" 岩波文庫、第38刷、2021年、谷川多佳子訳を、私がボロボロに改訳（書き変え）した。だから2カ所、重要な所を第4部と第5部から長々と、どうぞ。これで一体、長年、日本の思想界で何が起きていたかもはっきりするだろう。

……しかしそのすぐ後で、私は次のことに気づいた。すなわち、このようにすべてを偽と考える間も、そう考えているこの私は必然的に何ものかでなければならない。そして「私は考える、ゆえに私は存在する（ワレ思《おも》ウ、故ニワレ在《あ》リ）」と。この真理は、懐疑論者（不可知論者、スケプティク）たちのどんな途方もない仮定といえども、揺るがすことのできない強固で確実なものと認め、この真理は**哲学の第一原理**として、ためらうことなく（全ての人によって）受け入れられる、と判断した。

それから、私とは何か注意深く検討して、次のことを確認した。どんな身体もどんな世界も無く、自分の居場所も無いことは仮定できるが、自分は存在しないと仮定することはできない。反対に、自分は、別の真理《ヴェリテ》とされるもの（例えば神《デュー》の存在）を疑うために考える。このことから、私はきわめて明証的に、きわめて確実に、私は存在する、と帰結する。逆にもし私が考える、ことをやめるならば、かつて想像した他のもの（即ち神《デュー》）が真《ヴレ》であったとしても、私が存在すると信じるいかなる理由も無くなる。これらのことから私は、次のことを知った。私自身が一つの実体《スュブスタンス》である。その本質ないし本性は考えるということだけにある。私が存在するためにどんな場所も要せず、いかなる物質的なものにも依存しない、と。したがって、この私、すなわち、私をいま存在させている霊魂《レスプリ》は、身体（という物体、物質）からまったく区別され、しかも身体（という物体）よりも認識しやすい。たとえ身体（という物体）が無いとしても、私は完全に今あるままのものであることに変わりはない、と。

（デカルト『方法序説』岩波書店、１９９７年、谷口多佳子訳、46－47ページ大幅改訳）

副島隆彦です。このように、これで、デカルトの「我れ思う。故に我れ在り」の生ま生ました本物の本当の声が聞こえた。私が手を加えた訳でもまだ不正確という人は、さらに徹底的に手を入れてください。私だってやりたいのだ。だが、今の私には、そのためのコトバ知識の鈍器《どんき》（兵器、刀物）が足りない。

続けて第5部から長々と引用する。これがデカルト本人の真の声だ。

第5部

さらに続けて、前記の第一の真理から「我れ思う、故に我れ在り」から私が演繹した他の真理の連鎖全体をここで示していきたい。そのためには、神父たちのあいだで論争中の多くの問題について私が語ることが必要だ。私は神父たちとこれ以上いざこざを起こしたくない。だからそうしたことを差し控え、ただ概略的にこれらの問題がどんなものであるかを述べるにとどめる。

人々がこれらの問題をもっと詳しく知ることが有益か、もっと賢明な人たち（引用者注。この『方法序説』を読んで、評価判断をしてくれるように、デカルト自身が依頼したイギリスのトマス・ホッブズなどの当時のヨーロッパで評判の高い知識人たちのこと）に判断してもらおう。私は、神《デュー》の存在と霊魂《アーム》の存在を証明するために、いま用いた第一原理以外は何も仮定しないと決意した。そしてまたこれまでの幾何学者たちによる論証で明晰《めいせき》で確実だと人々に思われることだけを基礎とする。

ゆえにそれ以上に明晰で確実だと思われないものは、何ものも真《しん》として受け入れないと、私は決心した。このことを常に堅く守ってきた。それでもなお、思いきって言おう。私は、哲学（という学問）で取り扱う慣例になっている主要な難問すべてについて、私自身が満足するやり方をわずかな時間で発見した。

それだけでなく、私はいくつかの法則も発見した。これらの法則は、神が自然《ナテユール》のなかにしっかり定め、かつその概念をわれわれの霊魂《エスプリ》のなかに強く刻みこんだものだ。私がさらに反省（思考）を加えることで、世界に存在し生成するすべてのものに対して、それらの法則は正確に守られている。このことを疑えない。

次に、私はこれらの法則の帰結を考案した。それまでに学んだすべてのこと。さらに私が学びたいと望んでいたすべての有益で重要な多くの真理を私は発見した。

しかし、これらの（私が発見し、かつ周囲に認められている）真理の主なものは、私は考えるところがあって発表を控えている論文（引用者注。デカルトの「宇宙論（ル・モンド）」

のこと）のなかで説明しようと企てた。だから、それらを人々に知ってもらうには、その論文の内容をここで略述するのがいちばんよいと私は思った。

私は物質《マテリエル》の本性について、自分が知ったと考えたすべてのことを、その論文（宇宙論）に収めようと企てた。けれども、挿絵の画家たちが、立体であるいろいろな面を、平画面でうまく再現することができなかった。そのために、彼らはその主要な面の一つだけを選んで、そこだけを明るいほうに向け、他の面は陰《かげ》に置いて、その明るくなった面が見える所しか見せることができなかった。

これと同じように、私もまた、自分の頭のなかにあるすべてをこの論文中に入れることはできないと疑念した。たとえば、光《リュミエール》について私がこれまでに解明し理解していたことだけは十分に詳しく説明しようと企てた。そしてその機会に、（宇宙にある）光はほぼすべて太陽と恒星《スター》から発せられるのだから太陽と恒星について。天空（空間《スペイス》）は光を伝えるものであるから天空についても。惑星《プラネット》、彗星《コメット》、地球《アース》は、これらの光を反射させるから惑星、彗星、地球についても。

そして地上にあるすべての物体は色がついているか、あるいは透明か、光っているかのどれかである。だから、地上のあらゆる物体（物質）について。そして最後に人間は

〝光を見る者〟だから人間についても。これらにそれぞれいくつかのことを付け加えようと私は企てた。

さらには、これらすべてのものを少し横に置いて、それらについて私の判断をさらに自由に言う。

しかもその際、神父たちのあいだで受け入れられている見解に、私が賛成したり反対したりしないで済むように、私はこの現《げん》世界をそっくりそのまま神父たちの論議にゆだねる（私はそれらに関わらない）。

ただし、私は次の新しい世界で起こるであろうことを語ろうと決心した。私は仮定する。神《デュー》が今、この空間のどこかに新しい世界を構成するための十分な物質を創造したとする。その物質のさまざまな部分を、さまざまに無秩序に揺り動かすとする。そしてそれに対して（人間の側の語り部《べ》である）大詩人が想像しうる限りの大きな混沌《こんとん》（カオス。元々の大《だい》無秩序）をつくりだすことが出来ると仮定する。

そしてその後は、ただ、通常の諸力《しょりょく》だけを自然に与え、神自身が定めた法則に従って自然が動くにまかせた場合、その新しく仮定された世界はどうなってゆくだろうか。そういう新しい世界である。こうして私は、まず新しい世界の中の物質《マティエール》について記述する。先に神《デュー》と霊魂《レスプリ》について述べたことを除いては、これほど明断で理解しやすいものはこの世にないと思われるほどはっきりと書き表そうと私は決めた。

（デカルト『方法序説』岩波書店、１９９７年、谷口多佳子訳。57‐59ページ大幅改訳）

副島隆彦です。これぐらい長々と、デカルト本人の文章をみんな（読者）に読ませれば、これで何とかして分かってくれただろう。デカルトの思想《イデー》というのは、これぐらい明晰《めいせき》で明確で明瞭《めいりょう》なのだ。ここでデカルトが書いている「霊魂」の原文は「ラーム」l'âme だが、これは l'esprit と同じだとフランス人の学者たちが認めている。

デカルトについて、何をウソばっかり、長年、解説して来たのだ。野田又夫《のだまたお》以下、長年、何を威張って、私はデカルトの専門研究者です、と言ってきたのか。ホントに日本はかわいそうな国だ。この言語の壁《かべ》（ランゲッジ・バリア）があるばっかりに、私たちは訳《わけ》が分からないまま、無知《むち》のまま放置されてきた。あーあ、イヤになっちゃうよ。

それで次に行きます。

デカルトは、この世界は「ラ・マティエール・エ《と》・レスプリ（la matière et l'esprit）だけから出来ている」とはっきり言った。この2つが、物質と霊魂（思考）である。この世界にサブスタンス（実体《じったい》）として存在するのは、物質と霊魂（英語ではスピリット。ドイツ語ではGeist《ガイスト》）だけである。だからこの2つ以外には無い。だから神《デュー》はもう要らない。そして神が存在しないことの証明もする必要ない、となったのである。

この大《だい》思想の出現は、まさしく1637年に出版された『方法序説』*Discours*《ディスクール》 *de*《ド》 *la*《ラ》 *méthode*《メトード》である。この本でデカルトがはっきりと明確に書いた。

だから私は、今も人類はここに戻れと断乎として主張する。何をグズグズとまだ訳《わけ》の分からないことを言うか。全て蹴散らしてくれる。もう1回私たちは、このデカルトの大《だい》原理《プリンシプル》に戻ればいいのだ。だから、これの別名が、デカルトのあのもの凄く有名なラテン語での言い切り断言の言葉なのである。

「コギト・エルゴ・スム」

Cogito ergo sum

である。これを「我れ思う。故に我れ有り」と日本語では昔から訳してきた。これぐらいは皆、知っているでしょ。この「我れ思う（私は考える）。だから我れ有り（私はここに存在する）」を果たしてどれだけの日本人が、実感で分かっているか。疑わしい。私の友人の知識人（大学教授）を気取っている者たちでも、どうせ実感では分かっていない。いろいろと今の今でもカトリック教会の勢力からの妨害が入るのだ。

実感でこれを分かるにはどうしたらいいか。

このコギト……を英文に直す。

I think, therefore I am.

「アイ・スィンク・ゼアフォー・アイ・アム」

と言う。

フランス語とドイツ語では、

Je《ジュ》 pense《パンス》, donc《ドンク》 je《ジュ》 suis《スュイ》.

Ich《イッヒ》 denke《デンケ》, also《アルゾ》 bin《ビン》 Ich《イッヒ》.

と言う。それでは、なんで、私が考える。そうしたら私が存在する（exist エグズィスト）なんだよ、と言えるのか。それはだなあ。補助線を1本ここで引くゾ。

あのなあ。デカルトがこう断言した時に、人間世界がひっくり変わったの。なぜならそれまでは、公式にも神が存在した。神だけが存在する。これをドイツ語では大文字の Sein《ザイン》 という。この世に存在するのは神だけだったのだ。西洋白人思想というのは、キリスト教が古代ローマ帝国を乗っ取って完全に支配して洗脳した（西暦392年）からずっとそうなの。そして神が人間を創った、ということでずーっとやってきた。それが西洋世界だ。そして、1500年代からアジア（日本はここ）、アフリカ、南米までもずっとこいつら白人どもが支配した。だからこれで分かるだろ。だから、それに対して一気に、神（神学）なんか要らない、そんなものもともと存在しません、と1637年に（本当はその前から）言い切ってしまったデカルトの、恐ろしいまでのすごさも分かるだろ。私には自分の知能（思考、霊魂）が有る。だから、私はここに有る、おる、居るのだ。I am here.「私はここに居まーす、実在しまーす」となる。だから、デカルトが真に偉大なのだ。

それに対して怒り狂って震《ふる》え上がったローマ・カトリックと、デカルトより百年早く出来たばっかりの他のプロテスタントの宗派（ゼクト）の僧侶（坊主）たちまでもが震え上がる理由が分かるだろ。さっき言った大文字の Sein ザインが神で、Dasein ダーザインの方が、私たち人間のことを指すということに今もなっている。これが存在論《そんざいろん》哲学と言われるものだ。無前提の大きな無限の存在である神よりも、限定された the exist ザ・イグジストである私たち人間は、メメント・モリ「死（ぬこと）をこそ、思え」という有名な言葉があって、人間は必ず死んで消えていなくなる儚《はかな》い存在なのだと。それに比べたら、大文字のSeinである神さまはたいへん大きな存在なんだゾ、だから敬《うやま》え、崇拝せよ、となる。なんでだ？　イヤ、そういうことにずっと昔からなってきたと。これは日本の仏教でも神道《しんどう》（正しくは道《どう》だから、神道《しんどう》）でも同じだ。

それをデカルトがひっくり返したのである。だから、彼が今も一番偉大なのだ。だからローマ教会に殺されたのだ。これで分かったでしょ。今の今でも、「やっぱり神さま、仏さまのような何か大きなものに居て、守ってもらわないと私は困る。心配だ」という人々がたくさんいる。だからこの世界から宗教（神）はなかなか消えてなくならない。そうすると、それに必ず不随する、お坊さま（僧侶たち）という愚劣な者たちが何十万人も生まれてくる。

さっきの続きで言うと、

I am here.

は、「私はここでーす」という意味だと分かる。そうすると、私＝（イークウォール）はここ。アレ？　私は「ここ」なんだ。私は「ここ」と等しい。日本人は知能が足りないから、中学校の英語教育（外国語教育）の一番最初で、このイークウォールのisは、A＝Bという等式のことであると信じ込んだ。このI am. のam（be）は②＝（イークウォール）のbeだ、とばかり今も信じ込んでいる。その前に、①存在の be というのが存在することが分からない。大人になっても分からない。そういうのばっかりだ。私の周囲も。この be（ビー、is イズ）のたったこれだけのことが「いる・ある・います」、「そこに存在している」ということだ、と今の今でも英語教師たち（大学英文科卒の共同体）が分かっていない。それどころか、自分を知識人だと思い込んでいる馬鹿たちも、分かっていない。

冗談じゃないぞ。私、副島隆彦は、中学校2年生のときに、この I am の am（be）が、「私はここに居る（存在する）」という意味だと分かった。それで20年後に、私の英文法理論の本で（1980年、28歳のとき）、「存在の be と have から始まる英語勉強理論」を本にして発表した。1989年（36歳）のときには大きな英語辞書会社と大学教授たちに訴えられて私はヒドい目に遭った。向こうも大恥《おおはじ》をかいて消えていった。

私が自分の存在論を書いた時には、ジャン・ポール・サルトルの✖実存主義。ドイツではこれをマルティン・ハイデッガーが存在論哲学（エグジステンシアリズム）と言った。フランスと同じものだ。サルトルたちが泥棒しただけだ。ハイデガーも大したことはなかった。デカルトの真似だった。

物質・霊魂2元論

ここからようやく147ページの「この世は物質《マター》と霊魂《スピリット》の2つだけから出来ている」（物質・霊魂2元論《デュアリズム》）の表の説明に戻る。この表を大きくガツンと理解できれば、あなた（読者）は、おそらくこの国でトップレベルの知識人に入る。そこらの文科系の大学教授どもなど、ただのアホにしか見えなくなる。そしてやっぱりデカルトがどんなに偉大だったかがようやく分かる。

デカルトと全く同じことを、実は100年後のドイツのイマヌエル・カントが言ったのだ。「マテーリエ・ウント・ガイスト」Materie und Geist「物質（マテーリエ）と（ウント）霊魂（精神《ガイスト》、思考、知能）だけで世界は出来ている」。だから他は存在しない。だから神《ゴッド》（や教会）は要らない。とカントも宣言したのだ。カントはデカルトに続いてこの世界は物質と精神（霊魂）で出来ていると言った。このドイツ語のガイスト「精神」が、フランス語ではl'esprit《レスプリ》だ。そしてそれがそのまま、英語ではスピリットだ。たったこれだけのことを誰も日本知識人（学者）どもが確認しないで、理解しないで、ずっとここまでやって来たのだ。

「霊魂《スピリット》と精神《ガイスト》は違う。言語（ランゲッジ）の文字が違う。違うから違う」だと。バカなんじゃないの、この民族は。日本人という国民は。私は独りでずっとあきれ返っている。

そして、このスピリットは、そのまんま現代英語では、mind（マインド）とも言うんだ。マインドは×心ではないぞ。バカども、いい加減にしろよ。マインドは、知能、思考だ。Intellect《インテレクト》、thinking《スィンキング》 ability《アビリティ》（知能）のことだ。だから霊魂《スピリット》と同じだ。だから、現代英語では、「物資と霊魂」は matter《マター》 and《アンド》 mind《マインド》 という。そこで147ページの表を再々度じーっと見ろ。この1枚の、私が作った表がどれぐらい重要か、日本人は1人ずつ順番に分かっていく。その人が持って生まれた知能《インテレクト》（＝霊魂《スピリット》）に応じてだ。この表の右下に「Ⓒ（コピーライト）副島隆彦」と打ち込んであるだろう。私が自力《じりき》で作ったんだぞ。私が誰か他の人（先人）や西洋白人からマネして作ったのではない。もし、「いいや副島が、どこかから盗作してきたのだ」と言うなら、それを示してみろ。私はウソつきではないからな。事実であることはすべて認める。明治の始めから日本人はこの150年間、ずっとこの感じだ。

この1枚の重要な表の説明として、もういい。さっさと簡単に分かって貰《もら》いたいので、思考の節約として、最新の私の別の本に書いた説明文をそのまんま引用する。私の文だから誰かからの引用ではない。

イデオロギーというドイツ語は、イデア idea とロゴス logos，logia《ロギア》という言葉から出来ている。イデオロギー ideology ならみんな知っているだろう。だがこれを日本語に何と訳したらいいいか、今も分からない。「政治思想」が一番近いが、これともちょっと違う。イデアとロゴスの合成語だ。

古代ギリシア時代（紀元前500年ぐらい）から、イデア（idea アイデア）は思想だ。これはプラトンが使い始めた。その前は、ギリシア人たちは、これをエイドス eidos と言っていた。エイドスは、幻影、幻想、幻、お化け、幽霊、霊魂、全部エイドスだ。これが idea と等しい。それと対立するものとして、ヒューレ hyle がある。

このヒューレを形相《けいそう》と訳す。このヒューレは、物質のことだ。形相で、形あるもの即ち物質（マター）だ。だから物質がヒューレ。これをアルケー Archē とも古代ギリシア人たちは言った。それに対して、霊魂、幻、幻想、お化け系を、イデア（エイドス）と呼んだ。これがそのまま、その後のヨーロッパ人の思考（思想）の大《だい》骨格だ。このイデア（思考、霊魂）と、ヒューレ（物質。もの）の2つで、西洋人の頭（思考、知能）は大きく出来ている。

このことを、日本人は誰からもはっきりと教えられていない。だから、みんな誰も知らない。誰に教えることもできない。バカのままだ。この程度の低《てい》知能の国民である。私、副島隆彦は、50年かけて自力でこれらのことを知った。

プラトンがイデアと言った。観念。これには質料《しつりょう》（mass《マス》）即ち、重《ウェイト》さがない。フワフワしている。本当に有るのかどうかもはっきりしない。目に見えないからだ。だが、この（ア）イデアは、確かに有る。私たちの脳の中に在《あ》る。人間の知能（intellect・インテレクト）もこっちに入る。重《ウェイト》さがない。

このあとは、副島隆彦の業績だ。この霊魂（スピリット、イデア）と、知能、思考は同じものだ。重さがない。脳の中に有る。言葉（ロゴス）で表す。言葉がロゴスだから、イデアとロゴスで合わせてイデオロギーだ。

人間の知識、思想は、言葉（ロゴス）で組み立てていく。ロゴス logos はロジックス logics になり、これが論理学《ろんりがく》である。論理《ロジック》（ろんり）がここから生まれる。理論《りろん》（theory セオリー）は、さらにこのロジックス（論理）を組み立てることから出てくる。

そして、この思考（霊魂）の構造体で、その一番下《した》の基礎、土台、即ち、メタ meta

のところに、イデア・ロゴスが有る。その上に、今で言えばコンピュータや半導体《セミコンダクター》のような、現代の最先端の機械類が発明（インヴェンション）されて乗っかってゆく。

（副島隆彦『中国は嫌々《イヤイヤ》ながら世界覇権を握る』ビジネス社、2023年12月刊、104頁）

これで何とか、かんとか、本書の第4章のデカルトの偉大さを分かって貰えましたかな。ああ、疲れた。それでも私は自分がここまで書いて来て、みんな（読者）に向かって自分勝手なウソの思いつきを振りまかないで書いて来れてよかった、と思っている。この本を書いたことで（もう70歳だぞ）ゆくゆく、私は日本を代表する思想家と認定されてゆくだろう。

この後、ヘーゲルとマルクスのところでおかしくなってしまう。マルクスは物質一点張りでやってしまった。これがmatter《マター》（物質）だけのrealism《リアリズム》（現実主義）で「物質だけが実在する主義」である。マルクスは、このマテリアリズム（materialism）一点張り、唯物論だけで世界が出来ていると言い切ってしまった。霊魂《ガイスト》（思考《スピリット》）の方を軽視した。これが大問題だった。もう一方のガイスト、すなわちスピリットを無視した。精神病は、ドイツ語で、ガイステスクランクハイテン（Geistes-krank-heiten）と言う。この「ガイステス」が知能、霊魂、

「この世は、物質と霊魂（思考）だけで出来ている」の（2）
20世紀の大思想家たちの場合

	物質	霊魂
フロイト 精神分析学 （精神病理学）	精神病者たちの発病 Phenomenon は悪霊、幽霊	サイコ psycho[e] プシケー、気、霊魂
シュレディンガー ↔ハイゼンベルク	～の猫。 **量子** quantum《クワンタム》とはお化け。素粒子の実在を争う	**波動**とは**霊魂**だ 光も電子も重力も電磁波も物資ではない。空間も。
ヴィトゲンシュタイン 言語・分析・科学哲学の創始者	世界は事柄（Sache ザッヘ）から成る	Le mot **言語**だけが実在する
ニーチェ ヴァーグナーとの対決	神という偶像の否定 Götzen-Dämmerung《ゲッツェン デンメルング》 偶像の黄昏《たそがれ》	ディオニュソス王、バッコス神の祭
ヴォルテール 世界最高の啓蒙思想家	カトリック教の否定	真理、veritas ヴェリタス
モーツァルト フランス大革命と同時に、ウィーンで死去	ローマ教会による支配の否定	天上界は音楽とオペラによる世界

思考のことだ。それがおかしくなった頭（知能）の病人たちがいる。これを「✖心」の病気などと言うな。そんなものはない。バカどもめ。✖心の病気？　ハ？　それは心臓病だろ？　心臓あたりに確かに感情《かんじょう》（エモーションズ。フィーリングズ）がある。これが難しい。

ニーチェは唯物論《マテリアリズム》（社会主義者）が大嫌いで、かつ、ローマ・カトリック教会が死ぬほど嫌いだった。ニーチェこそは、「キリスト教は精神病（ガイステスクランクハイテン）だ」とはっきりと書いた（『アンチクリスト』1888年）。だから、ニーチェがデカルトに続く大思想家なのである。ニーチェが人類はキリスト教を消滅させてギリシア思想に戻るべきだ、とはっきりと宣言した。

ヘーゲルの場合は、ヴェルトガイスト（Weltgeist）、世界精神という言葉を使った。この世界精神が自己展開するのが人類の歴史だ、と。著作（歴史哲学）で言い切った。やはり物質を軽く見た。それが弟子のマルクスに伝わった。

ヘーゲルは自分が若い時にフランス大《だい》革命（民衆暴動）が起きたので、この熱病（熱狂、ユーフォリア）に一生狂ったままだった。フランス革命を肯定し続けた。だから今もパリ大学にヘーゲル記念講座（チェア）がある。ところが、それより21歳上のゲーテは、最初同じく熱狂したが、やがて醒《さ》めた。そして知らん顔をした。それよりも自分のドイツ民族《フォルク》の勃興と高揚《こうよう》の方が大事になった。ゲーテよりもさらに25歳上のカントも、同じく始めはフランス革命を肯定して支持した。しかしやがて深く懐疑するようになり、その〝理性《りせい》の錯乱《さくらん》〟の方を注視するようになった。これが大きな観点からの人類史の大《だい》政治事件への見方だ。

スピノザは許し難い

ここで急いで、スピノザのデカルト思想への大《だい》裏切りのことを書いておかなければいけない。スピノザは、本当にトンでもないユダヤ＝カトリック知識人でデカルト思想の大《だい》破壊者である。

スピノザのバカ野郎は、『デカルトの哲学原理』（1663年刊）という初めての唯一の刊行本で、デカルトの方法《メトード》（理論の土台）を踏襲しているふりをした。恐ろしいタヌキ人間である。引用する。

こう疑った後で彼（デカルト）は、諸々の学問の真の原理を発見するために、一体、自分は思惟《しい》し得《う》るすべてのものを疑ったのかどうか、を吟味してみた。そして、万一まだ疑わなかった何物《なにもの》かが残っていないかどうか、を探し出そうとした。もしこの懐疑《かいぎ》において、前述の諸理由からも、他の何らの理由からも、疑い得ないものを何か発見するとしたら、それこそ彼のすべての認識を、その上に築くべき基礎と見なさなければならぬ、と彼は至当にも判断した。

そして彼はどうやらもうすべてを疑ったように見えたけれども、――というのは、彼は感覚《センス》から得たものも、知性《インテレクト》のみによって把握したものも、等しく疑ったのだから、――それでもなお、まだ探求すべき或るものが残っているのを（デカルトは）見出した。それは、かく疑っている彼自身であった。とは言っても、それは自分の頭や手やその他の身体の部分から成っている限りの彼ではない。そうしたものはすでに疑ってしまっているのだ。そうではなくて、ただ疑ったり思惟したりする限りにおいての彼自身である。

そしてこれを精密に検討した結果、彼は前述のどんな理由によっても、これを疑い得ないのを発見した。即ち、夢の中で思惟（思考）するにしても、目醒めていて思惟するにしても、彼が思惟しかつ存在することは確かである。そして、他の人々或いは彼自身が、他の多くのことに関して誤ったとしても、誤った限りにおいて彼らはやはり存在したのである。

また、彼の本性の創造主（神《デュー》）が、この点に関してさえ彼を欺くほど狡智《こうち》であると考えることはできない。なぜなら、彼は自分が神《デュー》に欺かれると想定しても、欺かれる限りにおいて、彼が存在することは容認されねばならぬからである。

最後に、彼は疑うべき他のどんな理由を考えて見ても、同時に彼の存在に関する十分な確実性を与えてくれないようなものは、考えつくことができなかった。否、むしろ疑うべき理由が多く出てくれば出てくるほど、同時に彼の存在を確信させるそれだけ多くの論拠が出てくるのである。

このようにして彼は、どこまで疑いをつづけて行ってみても、結局次の言葉を発せざるを得ない。「私は疑う、私は思惟する、故に私は存在する」と。

（スピノザ『デカルトの哲学原理』畠中尚志訳、岩波文庫、24－25頁、一部訳文を読みやすくした）

このようにスピノザは、まずデカルトの思想を、実に分かり易《やす》く、どんな人にも分かるように書いてみせた。これでスピノザのこの本はヨーロッパ中でドカーンと読まれた。皆が感動した。各国の国王たちまで感動した。この『デカルトの哲学原理』を書いた時のスピノザは、まだデカルトの方法《メトード》（思想の骨格）に忠実であり、極めて上等の「デカルト入門」になっていた。皆が、大喜びでスピノザの出現と才能を賞讃した。しかもスピノザは、デカルトのように剣《けん》の尖《とが》った形で、カトリックの神学者《セオロジスト》である理論家の神父たちに公然とケンカを売るようなことをしなかった。

ところがである。この『デカルトの哲学原理』（1663年刊）の中でさえも、スピノザは少しずつデカルトの方法に反逆して、裏切りを始めているのである。

先の引用箇所の直後は、こう続く。

> ところで、学問の基礎がこれ（デカルトが表明したもの）以外のものであり得ないことは、前述の事柄から十二分に明瞭である。というのは、その他のすべては、我々が容易に疑い得るところだ。だが、これだけは決して疑い得ない。しかし、この（デカルトが置いた）基礎に関して、ここで特に注意せねばならぬのは、この「私は疑う、私は思惟する、故に私は存在する」というこの命題（プロポジション）は、大前提の隠された三段論法ではない、ということである。もし三段論法だとすれば、「故に私は存在する」

という結論よりも、その前提の方が、より一層明瞭で一層熟知されたものでなければならぬ。そうすると、「私は存在する」ということは、すべての認識の第一の基礎でなくなる。そればかりでなく、それは確実な結論でもなくなる。というのは、この場合、その命題の真理性《ヴェリタス》は、著者が以前すでに疑った普遍的概念の前提の上に成り立つことになるからである。だから、「私は思惟する、故に私は存在する」（cogito, ergo sum）という命題は、「私は思惟しつつ存在する」（ego sum cogitans）という命題と意義を同じくする単一命題なのである。

（前掲書、25－26頁、一部訳文を読みやすくした）

このようにスピノザは、デカルトの「我思う、故に我有り」の大命題《だいテーゼ》を変造し始める。デカルト思想を少しずつ内側からズラして変質させ、破壊を開始する。デカルトが打ち立てた「この世界は、物質と霊魂（思考）だけから成る。故に神は要らない」をすぐに叩き壊し始めた。この箇所のスピノザの屁理屈を読んで、何か分かったような気分になってはいけない。スピノザは、せっかくデカルトが「故に、故に」でつないで定式化した命題を、「〜しつつ」という同時性に置き換えることで破壊している。

そしてスピノザは、再び大きく神《デュー》（全能者、絶対者）へと向かう。デカルトは厳しいカトリック教会との闘いの中で、自分が殺されないように、神なんていないという明言を必死で避けた。実際は人間の思考・精神・霊魂に実在を認め、そこに学問の基礎を置いた。

それをスピノザは、気持ちの悪い「汎神論《はんしんろん》（パンテー（シー）イズム pan-the-ism）的な1元論《モニズム》」という理屈を発明した。彼の主著である『エチカ』（死後1677年に刊）から引用する。

定理14　神《デウス》のほかには、いかなる実体（スブスタンティア）も存しえずまた考えられえない。

証明　神は実体の本質《エセンティア》を表現するあらゆる属性《アトリブートゥム》が帰せられる、絶対に無限な実有である（定義6により）。そして必然的に存在する（定理11により）。ゆえにもし神のほかに何らかの実体が存するとすれば、その実体は、神のある属性によって説明されなければならぬであろう。

そうなれば、同じ属性を有する二つの実体が存在することになり、これは（定理5により）不条理である。したがって神のほかにはいかなる実体も存しえない。したがってまたいかなる実体も考えられない。

なぜなら、もし（そのことが）考えられ得《う》るとすれば、必然的にそれは存在するものとして考えられなくてはならぬ。だが、これは（この証明の始めの部分により）不条理である。ゆえに神のほかにはいかなる実体も存しえずまた考えられえない。

（スピノザ『エチカ（上）』畠中尚志訳、岩波文庫、59－60頁、一部訳文を読みやすくした）

これがスピノザだ。デカルト思想を賞讃し、紹介し、解説していた者が、このようにして、デカルト思想を破壊し、暗殺したのである。そしてこのスピノザという暗殺者とまったく同じ相貌をした現代フランスのポスト・モダンのテロリスト思想家たちが続いた。日本もその追随者《エピゴーネン》たちを量産した。無自覚な低《てい》知能たちが多い。その背後には深くローマ・カトリック教会の企てが潜んでいる。そして仏ポストモダン（構造主義）は、『「知」の欺瞞《ぎまん》 ポストモダン思想における科学の濫用』（岩波書店、2000年刊）という、真実暴《あば》きのアメリカ人学者によって、一瞬にして吹き飛んで、その愚劣さが世界の知識人世界に知れ渡った（ソーカル事件である）。それでも今でもまだ残党たち（リメインズ）が蠢《うごめ》いている。

啓蒙思想が起こる

そろそろこの章の始めに戻ろう。デカルトやガリレオの偉大な事績が1650年に終わる。それから100年後の1750年頃、フランスで同じく大思想家ヴォルテール（Voltaire 本名François-Marie Arouet、1694-1778）が、ベルリンの郊外のサンスーシ宮殿という、白い壁塗りの近代建築に近い、ビルみたいな宮殿に、フリードリヒ2世に呼ばれて行った。1753年まで4年間いた。ヴォルテールは当時、ヨーロッパ最大の知識人だった。F2に呼ばれて行ったが、F2の本性《ほんしょう》（正体）を見抜いてすっかり嫌になってしまってフランスに帰ってくる。「F2よ、お前は偽善者だ」とはっきり言った。

その3年後《あと》の1756年から七年戦争が始まる。それが次章、第5章の3女帝による〝パンティ同盟〟による偽善者F2との戦争だ。

F2は、自分は国民を大事にする立派な王だと自分では信じ込んで思っていた。これをフランスで公役務《こうえきむ》理論（la《ラ》 théorie《テオリ》 du《デュ》 service《セルヴィス》 public《ピュブリク》）という。英語で言えば、パブリックサーバント理論で、「公務員は人々のために尽くす公僕《こうぼく》、公共のための下僕《げぼく》である」という理論

フリードリヒ2世が偽善者であると鋭く見抜いたヴォルテールは、ポツダムの宮殿を4年で去った

フリードリヒ2世(右) とヴォルテール

だ。だから王もまた民衆の僕《しもべ》、奴隷、サーバント、召使いであるという思想だ。

1700年代になると、この公役務《こうえきむ》理論というのがフランスで発達した。パブリック・デューティの理論と重なってくる。フランスでは行政学という学問、ドイツではドイツ官房学（Kameralwissenschaft《カメラールヴィッセンシャフト》）という官僚学問と、実は、内側で激しくぶつかり合う。フランスで出来た、この「王は民衆の僕《しもべ》である」という理論を臆面《おくめん》もなくわざとらしく実行してみせたのがフリードリヒ2世（大王）だ。ところがそれは表面だけだ。冷酷な鬼でなければ、生《な》まの権力者（支配者、統治者《とうちしゃ》）はやっていられない。甘いものではないのだ。だからF2は偽善者だ。

F2の裏側の真の顔は、240ページで詳しく書くとおり、モーツァルトたち隆盛する有能市民たちが反《はん》カトリックの強い決意で作ったフリーメイソン（イルミナティ）の内側に入り込んで乗っ取ったことだ。薔薇十字団《ローゼンクロイツ》という。

モンテスキュー（Charles-Louis de Montesquieu、1689－1755）という思想家もいた。モンテスキューは大したやつではない。イギリスに渡って、ジョン・ロックたちから、進んだ国家体制の作り方を学んでフランスに帰って皆に教えた。モンテスキューは、「三権分《ぶん》

この者たちが難解で高級な数式で人類と王たちを煙に巻いた。しかも神を否定しない。数学者というのはワルで現代の神学者（クソ坊主）たちだ

ゴットフリート・ライプニッツ（1646－1716）

アイザック・ニュートン（1642－1727）

ヨーハン・ベルヌーイ（1667－1748）

ジョゼフ・フーリエ（1768－1830）

カール・フリードリヒ・ガウス（1777－1855）

ゲオルク・カントール（1845－1918）

立《りゅう》」という、国家機構は立法、司法、行政の3部門に分かれる、そして互いに抑制《よくせい》（チェック・アンド・バランス）し合うという理論を作った。しかし、三権分立など本当に有るのか分からないのだ。モンテスキューの勝手な思いつきだ。

ヨーロッパ最大の数学者でありながら、勝手に思想までガリガリ言ってしまったのがライプニッツ（Gottfried Wilhelm Leibniz、1646－1716）というワルの男だ。そして、それの好敵手で戦ったニュートン（Sir Isaac Newton、1642－1727）たち大《だい》数学者どもだ。

この数学者たち、という高級数学の数式による抽象者（アブストラクター）たちが、一体、人類のために何かすばらしいことをやったか。これも分からない。ニュートンの万有引力《ばんゆういんりょく》（ユニヴァーサル・グラヴィティ）も、そこから発展したというアインシュタインの相対性理論《そうたいせい》（レラティヴィティ・セオリー）も、宇宙（アウター・スペース）と物質《マター》がどのように動いているか、について何を言い表わしたのか、今でも分からない。前ページの顔ぶれたちである。

ヴォルテールが嫌ったルソー（Jean-Jacques Rousseau、1712－1778）が本当に、人類（史）に災いを与えた。前述した公役務理論と似ているが根本が違う「民衆《プープル》も国家《エタ》（共和国《レピュブリック》）のために進んで戦場の兵士になれ。税金を払え」を言い出した。まさしくルソーだ。ルソーのここでの理論支柱が、「×普遍意思（自発的意思としての国家への差し出し）」理論、ヴォロンテ・ジェネラール volonté générale である。これで、各国の憲法典の中に納税の義務と兵役の義務が書かれるようになった。ホントウにルソーが大悪人《だい》なのだ。ルソーがどれぐらい悪《わる》い思想家か、を私たちは本当に本気で噛《か》みしめたほうがいい。

啓蒙思想内部の争いだ。ヴォルテールもルソーもフランス革命の理論的支柱みたいに扱われるが、2人の間には大きな違いがある。ルソーがとんでもない野郎だった。この男が直接民主政（ダイレクト・デモクラシー）といって、王様や大貴族や坊主たちの首をちょん切った後《あと》どうするかまで書いている。だからルソーこそがファシズムの元凶だ。

フランス革命が勃発する11年前の1778年に、ルソーもヴォルテールも同じ時にパリで死んでいる。晩年のヴォルテールはすでに人気がなくなって、ルソーのほうが大人気になってしまった。王様の首ちょん切れ理論が、大人気になった。それが民衆の狂乱を肯定する凄《せい》惨《さん》なフランス革命につながった。

ルソーが唱えた「自然（状態）に帰れ」というコトバ（標語《スローガン》）に、中学生（14歳）だった私もコロリと騙《だま》された。まさか、いくら副島が早熟《そうじゅく》だからと言って14歳でルソーの思想が分かる筈《はず》がない、と思うだろう。ところが、分かったのだ。何故なら時《とき》は1970年代で、全国で大学闘争（学園紛争）が荒れていた。国家政治としては70年安保《あんぽ》（条約）闘争と沖縄返還問題だった。

この頃、公立中学校の日教組《にっきょうそ》の教師たちが職員会で校長・教頭側と激しく対立していた。しょっ中、日教組の組合員たちが授業放棄のストライキをやっていた。だから、その活動家教師たちが、早熟な政治少年だった私に、このルソーの「自然に帰れ」Return to nature《リターン トゥ ネイチャー》を教えてくれたからである。その他、いろいろ教わった。

「自然に帰れ」と言うと、なんだか、人類の理想郷の夢の世界がまるで有るかのように思い込む。だが、そんなバカみたいな夢の国《ドリーム・ランド》など現実には無い。ルソーというのは真底、キチガイだと思う。

私がこの本を書いていて本気で分かったのは、①55ページのトマス・モアの「ユートピア」（空想上の国）と、②ルソーのこの「自然状態（に帰れ）」のフランス革命の革命派貴族《ジャコバン》たちの姿と、③1970年までのベトナム反戦運動とヒッピー運動で、泥《どろ》んこだらけになって学生たちが裸になって、麻薬（大麻《たいま》ハッシッシやLSD《エルエスディ》）を吸いながら踊りまくっていた姿だ。この3つは場景はピタリと重なるのだ。

それは、北アメリカインディアンたちが部族《トライブ》で集まって円陣を組んでドンドコ、ドンドコと皆で踊っている姿だ。現に②のフランス革命派貴族たち（ジャコバン党員）たちは、本当に半裸になって北米インディアンたちの羽根《はね》飾りを付けて、円陣を組んで踊り狂っていたのである。ヒッピーたちの踊りも同じだ。まさしくこれがルソーの「自然（状態）に帰れ」だ。何ということだ。

人類というのは、理想を追い求めると、こんな狂気にまで至りつくのだ。学生闘争の多くも狂騒と熱狂だった。あれから50年が経った。

私は、ここまで書いてきて思わず絶句《ぜっく》する。故に、ルソーと対立したヴォルテールは、そんなことまで主張してはいけないと、ルソーを激しく非難したのだ。厳しく戒《いまし》めた。ヴォルテールの方が正しかった。

のポツダム宮殿に滞在（1750）。王の文学上の師友として優遇された。その間『ルイ14世の世紀』*Le siècle de Louis XIV*, 1751-56 を完成、哲学小説『ミクロメガス』*Micromégas*, 1752 を書いた。次第にＦ２王と意思の疎隔を来し４年でベルリンを去った（1753）。Ｆ２が偽善者だと見抜いた。

あちこちに安住の地を求めジュネーヴ近郊に家を買い入れ、文筆活動に入った（1755-60）。悲劇『中国の孤児』*L'Orphlin de la Chine*, 1755、歴史の大著『諸国民の風習・精神論』*Essai sur l'histoire générale et sur les mœurs et l'esprit des nations*, 1756 そして代表作の小説『カンディード』*Candide ou l'optimisme*, 1759 を発表した。併行してディドロの『百科全書』*Encyclopédie*《アンシクロペディ》に寄稿した。

第２期（フェルネ Ferney 時代、1761年、67歳から)。スイス国境に近い、フェルネに居を構えた（1761-78）。悠々自適しつつ、所有地の開発（絹工場、時計工場を開設)、諸種の社会改良（塩税の撤廃、農奴の解放）に力を尽くした。特に司法上・宗教上の犠牲者の救済（カラス事件、シルヴァン事件、ラ・バール事件）で冤罪《えんざい》（無実の罪）の被害者を救済し、無数の評論、パンフレット、小説、劇、書簡によって反《はん》教会、反《はん》封建主義の熱烈な啓蒙活動を行い、全ヨーロッパで名声を獲得し、「フェルネの長老」Patriarche de Ferney と呼ばれた。

この時期の主著に『寛容論』*Traité sur la tolérance*, 1763、と論文集『哲学辞典』*Dictionnaire philosophique portatif*, 1764（後者はパリ高等法院および教皇庁が禁書にした)、小説『ばか正直』*L'ingénu*, 1767、『40エキュの男』*L'homme aux quarante écus*, 1768、論説集『百科全書に対する疑問』*Questions sur l'Encyclopédie*, 1770; 71; 72 がある。膨大な『書簡集』は史的資料として重要。ルソーの過激《かげき》論を批判した。

自作の悲劇『イレーヌ』（*Irène*）の上演に際し（1778)、華々しくパリに入り、直後に没した（83歳)。死の54日前、アメリカ人ベンジャミン・フランクリンの薦めでパリのフリーメイソン（九姉妹［ミューズ］ロッジ）に入会している。

彼は生前は大詩人を以て遇された。その才能の本性は諷刺作家である。明快で機智に溢れたフランス的散文作家の典型となった。特に哲学的エセーと寓意小説に優れている。歴史学では科学の歴史、文化史の先駆的業績を示した。審美《しんび》においては保守的であり、古典美学の枠から外に出なかった。

理神論（*Déisme* デイスム。神の存在を疑う)、理性（raison レゾン、reason リーズン）の立場から超自然（であるカトリック教会の教義と思想）を強く否定し、辛辣なキリスト教聖書批判を行い、後世彼の名は懐疑する精神の体現者となった。生前からヨーロッパ中に影響は広大で、啓蒙主義の普及により、このあと（没後11年目）のフランス大革命の精神的基盤の形成に大きく貢献した。

大《おお》間違いを犯さなかった大《だい》思想家
ヴォルテール
Voltaire
（1694-1778）

本名 François-Marie Arouet（フランソワ・マリー・アルエ）。フランスの文学者。啓蒙思想家（Penseurs《パンスール》 des《デ》 Lumières《リュミエール》）の代表者。パリに生。シャトレの裕福な公証人の子。生涯はだいたい２期に分かれる。

第１期（1694-1760）。イエズス会の学校ルイ・ル・グランに学び、父の希望で一時、法律学を修めたが間もなく文学に傾倒した。青年時代、摂政《レジェンド》オルレアン公（フィリップ２世）を諷刺した詩の作者と見なされて、バスティーユ牢獄に禁錮された。

出獄後ヴォルテールの筆名を用い、悲劇『エディプ』*Œdipe*, 1718（24歳）を上演して一躍文名を高め、社交界に出入りした（1723年来）。叙事詩『アンリアード（アンリ王の歌）』*Henriade*, 1728 の一部を出版（1725）。ある貴族から侮辱と告発を受け、そのあげくバスティーユに再び投獄（1726）。渡英を条件に釈放。ロンドンに住み（1726-29）、イギリスの議会政治と民主政治の諸制度、風習、思想、文化を身近に研究して、これらに大いに共鳴した。またジョン・ロック、アイザック・ニュートン、シェイクスピアを学び、政治家、文人とも交わった。

帰国後、再び社交生活に入り『シャルル12世伝』*Histoire de Charles XII*, 1731 を出版。ついで悲劇『ザイール』*Zaïre*, 1732 を上演して大成功を博し、彼の庇護者兼愛人となったシャトレ公爵夫人と知り合い（1733、39歳）、1750年まで彼女の邸宅で長く暮らした。審美眼を斬新な形式で表した『趣味の殿堂』*Le temple du goût* を発表。

翌年、彼の前半生の代表作の１つ『哲学書簡またはイギリス書簡』*Lettres philosophiques ou Lettres sur les Anglais*, 1734（英語版は前年に出版）を公けにして大きな反響を呼んだ。逮捕令が出たので、シャトレ公爵夫人の別荘に遁れ、以後10年間（1734-44）、ここで文学と科学研究に没頭した。

また悲劇『マホメット』*Mahomet*, 1741（ドイツでゲーテが翻訳）や『メロープ』*Mérope*, 1743 を発表した。やがて宮廷の情勢が好転してヴェルサイユに呼ばれ、史料編纂官、アカデミー会員、王の侍従に迎えられた（1744-47）。しかし間もなく失寵《しつちょう》。その経験を寓意小説『ザディーグまたは運命』*Zadig ou la destinée*, 1747 に書いた。

プロイセンのフリードリヒ２世（大王）に招かれてベルリン郊外

催の懸賞論文に当選した『学問・芸術論』*Discours sur les sciences et les arts*, 1750。「文明の発達は道徳の堕落を必ず伴う」とする彼一流の文明批判は論壇に衝撃を与えた。次に発表した『人間不平等起源論』*Discours sur l'origine de l'inégalité parmi les hommes*, 1755（43歳）は、文明批判を更に展開した。ルソーが勝手に作った自然状態は、民衆が元々持っていた自由を失い、人類が不平等に陥った過程を描き出し、絶対王政の非合理を痛切に暗示した。しかし「自然に帰れ」の自然（状態）は意味不明。

次の『演劇に関するダランベールへの手紙』*La Lettre à d'Alembert sur les spectacles*, 1758 で、彼とヴォルテール、ディドロら他の啓蒙思想家の、懐疑する無神論的傾向と対立した。

1755年に起きたリスボン地震の際、ヴォルテールが書いた「リスボンの災厄についての詩」（1756）をめぐり、2人は激しく手紙で応酬した。恐るべき自然災害を、神の意思とすることなどできないと、決定論を批判するヴォルテールに対し、ルソーは「これは都市の過密が原因であり、人災である。人間は元々の自然状態に戻るべきだ」と主張した。ヴォルテールは「あなたの作品（『人間不平等起源論』）を読んでいると、私は再び4つ足に戻って歩きたくなります」と痛烈に批判した。

ルソーの思想は壮年期の大作『新エロイーズ』*Julie ou La Nouvelle Héloïse*, 1761 と教育論の『エミール』*Émile ou De l'éducation*, 1762 と『社会契約論』*Le Contrat social*, 1762（50歳）で完成した。

書簡体の長編小説『新エロイーズ』はルソーが妄想で希求した自然への回帰による人間性、家族関係、恋愛感情の調和的回復を謳い、熱狂的な支持を得た。これがこのあとの、フランス大革命の集団発狂状態を引き起こした。教養小説の教育論『エミール』は、教育における人間性回復を主張し、封建的な偏見と宗教の不寛容を批判した。『社会契約論』は直接民主政（ダイレクト・デモクラシー）を理想とする古典として、以後の過激派の政治思想に大きな影響を与えた。

しかし『エミール』の自然宗教と、『社会契約論』の専政政治批判のために、発売禁止と逮捕令が出て、スイス、英国に亡命、ようやく8年後に帰国できた（70、58歳）。妄想に悩まされ晩年の自伝作品『告白』*Les Confessions*, 1782-89、『孤独な散歩者の夢想』*Les Rêveries du promeneur solitaire*, 1776-78 を書いた。ルソーは露出狂である。これらが赤裸々主義であるロマン主義文学に大きな影響を与えた。

有りもしない“自然状態（に戻れ）”なる虚偽の理論を作って自ら、狂ったまま生きた元祖《がんそ》過激派。最悪。
ジャン＝ジャック・ルソー
Jean-Jacques Rousseau
（1712-78）

人類に多大な迷惑を与えた男

フランスの作家、思想家。共和都市ジュネーヴに生まれ、出生の時に母と死別。10歳のとき父が失踪し、16歳で徒弟奉公中にジュネーヴを出奔。裕福な年上の愛人ヴァランス夫人（Baronne de Warens, 1700-62）の庇護の下で青年時代を送った。音楽を勉強し自学自習して教養を身につけた。夫人との14年間はルソーにとって決定的だ。

パリに出て（1742、30歳）、音楽批評、創作オペラを試み、社交界で知られるようになり、ディドロ、（M.F. de）グリムらと知り合った。ルソーを有名にしたのは、ディジョン科学アカデミー主

第5章

仏墺露3女帝の〝パンティ同盟〟とドイツの偽善者フリードリヒ2世(大王)の戦い

啓蒙専制君主とパンティ同盟の時代

前章では1650年頃の大《だい》思想家たちの話をした。一応ヨーロッパ全体で宗教の自由は認められるようになった。それでも、国王たちの権力と支配力はどんどん強くなった。これを絶対王政《アブソルーティズム》という。封建領主（田舎貴族）たちの力が衰えて、とにかく国王が威張りだした。

1715年にヨーロッパ最大の権力者だったルイ14世（太陽王）が死んでいる。このルイ14世がパリの郊外にヴェルサイユ宮殿を作った。だからヨーロッパで一番繁栄していたのはフランスだ。

それに比べてドイツ人はザウアークラウトというキャベツの酢漬《すづけ》と豚ハムしかなく、ドイツ人は馬鹿にされている。私の偏見に満ちた考えでは、ドイツとフランスの違いは、フランスとイタリアは雨が降って小麦が獲れる豊かな地帯で、ドイツは半ば砂漠のような地帯だ。雨が少なく無理やり林を作って、動物の糞で土地を肥やした。乾燥性気候で水が足りないようだ。ドイツ人の魂は今でも遊牧民（ノウマド）なのではないか。これをゲルマン民族と言ってしまえばそれで終わりだ。北の方は〝豚《ぶた》のザクセン人〟（イギリスではサクソン族）だ。

ペチコート・アライアンス（別名“パンティ同盟”）で偽善者のＦ２（フリードリヒ2世）を包囲した3人の女権力者たち

ロシアの
エリザヴェータ
(1709-1762)

ドイツ(プロイセン)の
フリードリヒ２世
(1712－1786)

フランスの
ポンパドゥール夫人
(1721－1764)

オーストリア
(神聖ローマ帝国)の
マリア・テレジア
(1717－1780)

ブランデンブルク辺境伯という小さな国《プロシア》があった。これが徐々に大きく強くなった。やがて、ベルリンを都に定めてドイツ帝国と言い出した。それが1700年代。そして南のほうに神聖ローマ帝国（ウィーンが帝都）という、ヨーロッパで唯一の皇帝がいる帝国があった。フランスもイギリスもたかが王国で、国王なのだ。皇帝を名乗ったのはウィーンのハプスブルク家だけだ。これを北のほうからプロイセン人（ドイツ帝国）がどんどん攻めて来て強くなった。今のオーストリア人は自分たちをドイツ人だと言っているようだ。これ以上は分かりません。ただしヒトラーはオーストリア人（リンツの生まれ）である。このことが今、災いしている。

1740年ぐらいにフリードリヒ2世（Friedrich II、1712-1786年、74歳で死）という強い男が出てきた。その親父であるフリードリヒ・ヴィルヘルム1世（Friedrich Wilhelm I、1688-1740年、51歳で死）も強かった。これがドイツ第1帝国だ。この親父が巨人軍という、背の高い大きな槍を持っているギガンテスたちを集めて、ものすごい突撃隊を作った。これが今のジャイアンツ（巨人軍）である。サンフランシスコ・ジャイアンツから名前を読売が泥棒したのだ。日本の戦国時代にも力士《りきし》隊があった。とにかくデブで惨忍《ざんにん》で腕力がないと戦闘《バトル》には勝てない。

王たちの中で最大級の偽善者《ヒポクリット》
フリードリヒ2世（大王）
Friedrich II（1712-86）

プロイセン王の父フリードリヒ・ヴィルヘルム１世と、学問・芸術を愛好する王太子として激しく争い、イギリスに逃亡しようとしてキュストリンの要塞に幽閉され（1730、18 歳）、友人カッテが身代わりに処刑された。父と和解し、ブラウンシュヴァイク・ベーヴェルンの公女エリーザベト（Elisabeth Christine, 1715-97）と結婚（1733）。ブランデンブルク辺境伯領のラインスベルク城に住み（1736-40）、啓蒙思想に傾倒した。

即位（1740、28歳）すると相続権を勝手に主張してオーストリアのマリア・テレジアと２回シュレージエン戦争（1740-42; 44-45）で、シュレージエン（シレジア）とグラーツ伯爵領を奪い取った。仏、墺、露の３人の女帝が同盟して包囲した（ペチコート・アライアンス。パンティ同盟）。

七年戦争（1756-63）で、オーストリアに味方したフランスのルイ15世の愛妾ポンパドゥール夫人の軍をロスバハで撃破（1757）した。３女帝はこの偽善者の F2を激しく嫌ったが、F2はオーストリア軍をロイテンで破り（1757）、同じくオーストリア（女帝マリア・テレジア）側に立ったロシア軍をツォルンドルフで撃破（1758）した。それでも F2はベルリンに追い詰められたが、ロシア皇帝ピョートル３世が即位して、愚かにも F2に味方した（1762）ので、危機を脱した。フベルトゥスブルク条約の講和条約（1763）で、母女帝の引退でヨーゼフ２世も F2に騙されて、F2が全シュレージエンを領有した。

さらに第１次ポーランド分割（1772）で、西プロイセン（ダンツィヒおよびトルンを除く）を獲得。晩年にドイツの諸侯と君主同盟（Fürstenbund）を結んで（1785）、オーストリア帝国に備えた。彼は軍制を整え、18万８千の常備軍を設けてプロイセン軍をヨーロッパで最精鋭の軍隊にした。内政でも産業を振興し、農業を開発し、フリードリヒ法典（Corpus juris Fridericianum）を編纂（1745-51）。用兵に秀で、啓蒙専制君主として上手に統治した。音楽・文学を愛好し、自らフルートを吹き、フランス語で詩や著書を書いた。啓蒙思想家ヴォルテールやダランベールと交流し、ヴォルテールをベルリンに招いた。ヴォルテールに正体を見破られた。「偉大なフリードリヒ」「老フリッツ」と呼ばれて国民を大いに騙すことはできた。

息子のF2も馬鹿じゃなかった。大王（デア・グローセ）と呼ばれた。大王と呼ばれる王様は戦争にものすごく強い王様のことを言う。戦争に強い強大国だから、国内が安定して平和が守れた。「平和とは戦争がない」という意味だ。このF2は啓蒙専制《せんせい》君主で、啓蒙思想を取り入れた新教徒の思想である。ただし独裁者（専政者）でもある。啓蒙（理知《りち》）主義でありながら専政（独裁政治）をやった。

このF2が、同年代でウィーンの神聖ローマ皇帝の女帝になったマリア・テレジア（Maria Teresia、1717－1780年、63歳で死）と憎しみ合う。なぜなら、シュレージエン地方という領土にF2が攻め込んで取ってしまったからだ。それ以来、2人はずっと戦い続けた。

この女帝マリア・テレジアが手紙をフランスとロシアに一所懸命に書いた。それが、フランスのルイ15世の愛妾《あいしょう》として実力者になっていたポンパドゥール夫人（Madame de Pompadour、1721－1764年、42歳で死）とロシアの女帝エリザヴェータ（Elizabeth of Russia、1709－1762年、52歳で死）である。この3人の女帝が組んで偽善者のF2を叩《たた》きのめしてやるとなった。これを〝ペチコート（女下着）アライアンス〟petticoat allianceと言う。これを私が、この度《たび》〝パンティ同盟〟と名付けた。そのほうが分かり易《やす》いでしょう。この墺、仏、露の3女帝 対《たい》 独F2の戦いを七年戦争（1756－1763年）と言う。7年戦争と教

苦労してプロイセンのF2大王と戦い続けた
女帝マリア・テレジア
Maria Theresia（1717-80）

オーストリア大公（1740-80）の女帝。ハンガリーおよびボヘミア女王（40-80）。神聖ローマ帝国のカール６世の娘。ロートリンゲン公フランツ・シュテファン（Franz Stephan, のちのフランツ１世）と結婚（1736）。16人の子供を生んだ。ハプスブルク家の基本的相続令 Pragmatische Sanktion によって父の死（1740、23歳）で即位。すぐにフランス、プロイセン、ザクセン、バイエルン、スペインから反対に遭い、オーストリア王位継承戦争（サクセッション・ウォー　40-48）が勃発。プロイセンのフリードリヒ２世（大王）が、シュレージエンを要求して攻め込み、シュレージエン戦争（40-42; 44-45）。「この泥棒野郎め」と彼女は叫んだ。フランス軍およびバイエルン軍をオーストリアから駆逐（42）。のちアーヘンの和約（48）で、継承戦争は終わり。シュレージエン（現在のポーランド南部）はプロイセンのF2に、イタリアのパルマ公国はスペイン・ブルボン家の所有に。

彼女は財政を改革し、商業および農業を振興して国力を増大。他方、仏露と“女下着（ペチコート）同盟”を結んでシュレージエンの奪回を志し、七年戦争（56-63）を行ったが敗北。同地はF2のものに。

彼女は大学を改革（49）、法典を改定（69）、拷問を廃止（76）、イエズス会の勢力をそぎ（73）、模範的な小学校を全国に創設した。

長子ヨーゼフ２世がドイツ（神聖ローマ）皇帝となった（65）。「Ｆ２に騙されるな。ヨーゼフの啓蒙主義はハプスブルク家に災いする」と息子たちに教えたが叶《かな》わなかった。

えられると、もういやになるでしょう。だからパンティ同盟と呼べばいいのです。これで分かるでしょ。

　この女３人のヨーロッパ主要国の権力者がＦ２を押さえつけてやるとなった。とくに、マリア・テレジアはＦ２に激しい、死ぬほどの憎しみを持った。前述したオーストリア王位継承戦争《サクセッション・ウォー》（１７４０－１７４８年）である。シュレージエン地方をマリア・テレジアがＦ２に取られてしまったからだ。このマリア・テレジアは旦那も皇帝のはずなのだけど、自分が女帝として君臨した。この２人は子供を16人も作ったから、仲が良かったんだろう。きっと旦那のフランツ１世（Franz I、１７０８－１７６５年、56歳で死）は真面目なだけのアホだったのだろう。まだオーストリア＝ハンガリー２重《にじゅう》帝国（Österreichisch-Ungarischer Ausgleich《アウスグライヒ》）ではなくて、神聖ローマ帝国の女帝なのだ。ナポレオンに遠慮して、この看板を１８０６年にはずすまでは。ハンガリーが吸収合併を嫌ったからだ。

　マリア・テレジアは、Ｆ２に攻め込まれて負けそうになった時、長男坊を連れて白い馬に跨《またが》ってパカパカパカパカと、ハンガリーの当時の首都ブラチスラヴァ（現在のスロヴァキアの首都）に行った。そして長男坊を抱いたまま馬のまま議事堂に入った。そして「私を助けてください」とハンガリーの貴族たちに訴えた。それでハンガリー貴族たちが、「よーし分か

「私を助けて下さい」とハンガリーの首都ブラチスラヴァ（プレスブルク）の議事堂へ馬で駆け登ったマリア・テレジア(1741)。長男坊を胸に抱えていた

った」と言って助けに行った。ハンガリー人はウィーンのハプスブルク家の支配が大嫌いだったのだが、マリア・テレジアの心意気に応じた。それでなんとかF2の進撃を食い止めた。しかしシュレージエンは取り戻せなかった。

それから15年後に、前述した七年戦争が始まった。パンティ同盟戦争だ。女帝マリア・テレジアは一所懸命、ルイ15世の愛妾のポンパドゥール夫人に手紙を書いて、「一緒にあの男と戦いましょう。あなたも大嫌いでしょ」と。ポンパドゥール夫人は、はいはいと言って、フランス軍を動かした。その横にはパリの大商人層（ブルジョアジー）たちがついていた。なぜなら、ポンパドゥールはパリの庶民から這い上がった女だから、民衆が加勢した。男の大《だい》貴族たちは嫌がった。国王ルイ15世は、政治を周りに任せて自分は何もしない王様だった。「それでいいよ。お前の好きなようにやれ」だった。

ルイ15世の時代に、黒魔術《くろまじゅつ》（ブラック・マジック）事件が起きている。200人ぐらいの宮廷貴族《コーチザン》たちが処刑された。霊媒師《れいばいし》（ミーディアム）の男が、女官（女貴族）たちのお腹《なか》に赤ちゃんの血を垂らす儀式《リチュアル》を行っていた。これが露見して宮廷が大騒ぎになった。本当は、この事件は、女官たちが不義密通《ふぎみっつう》で妊娠して、それを堕胎医《だたい》（アヴォーション・ドクター）が中絶した話が悪魔祓《ばら》いの儀式に見られたのだろう。いつの時代も妊娠と中絶は悲惨な現実を伴

美貌で這い上がった
ポンパドゥール夫人
Madame de Pompadour
（1721-64）

フランス国王ルイ15世の愛妾（寵妓《ちょうき》）。パリの下層民の出身で、まずルノルマン・デティオル（Lenormand d'Etioles）に嫁いだ（1741）。その美貌と知能と野心でルイ15世の目に留まり（45、34歳）、王后侍従（56）という愛妾の身分で国政を動かした（45-64の死まで19年間）。

七年戦争（56-63）でプロイセンのホーエンツォレルン家のフリードリヒ2世への個人的嫌悪から国内の反対を押し切って戦争を続けた。国家財政に損害を与えた。ウィーンの女帝マリア・テレジア、ロシア女帝エリザヴェータと同盟した。女下着同盟《ペチコート・アライアンス》である。芸術の保護育成に貢献した。彼女の華やかで贅沢な生活で浪費した国費は莫大だった。

う。

こうしてポンパドゥール夫人が18年間、42歳で死ぬまでその時のフランスの実質的な最高権力を握っていた。ポンパドゥールの仏軍は1回はF2に勝ったが、あとは負けてしまう。

勝ったり負けたりだったのだが、最後はロシア軍がベルリンまで攻め込んで、あと一息でF2を攻め滅ぼすことができた。F2軍はベルリン郊外のポツダムの山中に立てこもっていた。それなのに、ロシア皇帝ピョートル3世（Peter III of Russia、1728-1762、34歳で死）というバカ男が自分もドイツ系ということもあって、F2を尊敬していたものだから、勝手に話し合い（ピース・トークス）をして講和条約（ピース・トリーティ）を結んで、ロシアにさっさと帰って来た。なぜかというと、ピョートル3世はフリードリヒ2世を尊敬していたからだ。

マリア・テレジアの息子2人もそうだ。ヨーゼフ2世（Joseph II、1741-1790年、48歳で死）とレオポルト2世（Leopold II、1747-1792年、44歳で死）も自分で畑を耕すような男で、農民を苦しめちゃいかん、という思想で生きていた。啓蒙君主《エンライトンド・キング》というのはそういう人たちだ。「自分は人民の僕《しもべ》（パブリック・サーヴァント）である」という思想を信

Ｆ２の啓蒙主義（エンライトンメンティズム）にコロリと騙されて、Ｆ２を尊敬した愚か者の王たち

自分で畑を牛で耕して、「王はパブリック・サーヴァント（公共のための下僕《げぼく》、使用人）である」を実践した

ロシアの
ピョートル３世
（1728－1762）

マリア・テレジア
（1717－1780）

女帝マリア・テレジアの子供たち

第11女

マリー・アントワネット
（1755－1793）

三男

レオポルト２世
（1747－1792）

長男

ヨーゼフ２世
（1741－1790）

“ポルノ政治”と揶揄《やゆ》されたエカチェリーナ2世と愛人ポチョムキン公爵はロシア国民からカリカチュア（戯画《ぎが》）の恰好の餌食《えじき》にされた

明らかにエカチェリーナ女帝のお尻にポチョムキンの性器が挿入されている。これが人間の自由だ。国王（権力者）たちの運命は、国民にみっともない恥を晒《さら》すことである。国民的芸能人たちの運命も同じだ

美人で淫乱だったロシア女帝エカチェリーナ2世と愛人ポチョムキン公爵（黒海艦隊を作った）。男女の愛に生きた。息子の皇太子が怒った

↑女帝エカチェリーナ2世が英国王ジョージ3世を誘惑して馬乗りで犯している。スウェーデン王グスタフ3世（中央）がポチョムキン公爵に「次は私ね」と頼んでいる当時人気の戯画(カリカチュア)（1791年）

じ込んでいた。F2は、偽善者で狡猾《こうかつ》だから表面だけそのふりをした。だから敵なのにフリードリヒ2世を尊敬していたこの息子2人はいい人なのだが、バカなのだ。だから短命である。殺されたのだ。

ロシア皇帝になったピョートル3世もふにゃふにゃした男で、やっぱりF2を尊敬していた。自分もドイツ育ちだ。だからF2を、せっかくベルリン郊外に追い詰めたのに、フリードリヒ2世と和解して、さっさとロシアに帰ってきた。これに怒り狂ったエカチェリーナ2世が周りの貴族たちと、ピョートル3世を殺した。それで元気いっぱいのエカチェリーナ2世(Yekaterina II Alekseyevna、1729-1796年、67歳で死)が女帝になった(1762年。以後RE2と表記)。

RE2もまた大変な男好きで、貴族たちを愛人にしていた。第1章の英エリザベスと同じだ。RE2はポチョムキン伯爵という、黒海艦隊《こっかい》を作った将軍と深く愛し合った。そのことはモスクワで民衆の噂話になった。212ページの戯画《ぎが》(カリカチュア。諷刺画)にたくさん描かれて街に出回った。RE2は、こんな民衆からの嘲笑《ちょうしょう》を、ものともしなかった。たいしたものである。何故なら男女の愛を堂々実践することこそは啓蒙君主の務めだからだ。

その息子が母親のふしだら、淫乱症に怒り狂った。だが、RE2にしてみれば、自分は有能な統治者で啓蒙専制《せんせい》君主だから、自由思想も知っているから〝男女の愛（性行為）〟を謳歌するのは自然だ。ちっとも恥ずかしがっていない。ここがRE2の偉さだ。

それに対してこの母親の堂々とした生き方を理解できないバカ息子パーヴェル1世（Pavel Petrovich Romanov、1754-1801、46歳で死）は、次の皇帝になっても〝保守反動〟で頭が悪かったので宮廷クーデターで殺された（在位わずか5年）。

叔母の〝3女帝パンティ同盟〟を引き継いだ名君エカチェリーナ2世（RE2）は1791年にサンクト・ペテルブルクで大黒屋光太夫《だいこくやこうだゆう》を謁見《えっけん》している。このRE2が作ったのがサンクト・ペテルブルクにある今のエルミタージュ宮殿（冬宮《とうきゅう》とも言う）だ。光り輝く巨大な立派な宮殿で、今は美術館である。そこで大黒屋光太夫を謁見した。大黒屋光太夫が「私を日本に帰してください」とお願いした。それで、10年ぶりに日本に帰りました。という、そんな馬鹿みたいな話ではないのだ。日本の大作映画（1992年作）ではそうなっている。本当の真実はこの大黒屋光太夫は幕府隠密《おんみつ》で、徳川将軍からの正式な文書（親書《しんしょ》）を持っていた。それをロシア皇帝に献上して読んでもらった。樺太と千島列島（クリル諸島）をとり合う領土戦争は止めましょう、共同管理しましょうという話が、実はそのときに出来ている。

大黒屋光太夫は、表面上は三重県の白子《しろこ》という港の出身の船頭とされる。違う。海運業に従事して、１７８３年、米運びの船で千石船《せんごくぶね》という１００トンぐらいの船で出航した。それが嵐で漂流して、アリューシャン列島のアムチトカ島に辿り着いた。そこに4年いた。アザラシ（毛皮）漁のロシア人たちが来ていた。そこから、シベリアに渡ってイルクーツクへ。イルクーツクでまた4年。そこからずっとそり馬車に乗ってサンクト・ペテルブルクまで行った。そこでエカチェリーナ2世に拝謁《はいえつ》した。

　漂流から10年のち、「私を日本に帰してください」と言って帰ってきたというお話に日本国内では今でもなっている。映画『おろしや国《こく》酔夢譚《すいむたん》』（１９９２年作）になっている。新国劇の名優、緒形拳《おがたけん》が演じた。立派ないい映画だ。だが大黒屋光太夫の真実は、彼は紀州藩（和歌山県）の幕府隠密（御庭番《おにわばん》）で、外交官として将軍の親書を持って行ったのである。あの時の将軍は、１７９１年だから11代将軍家斉《いえなり》だ。ただの漂流民の船頭ではない。樺太の領土問題をうまく収めましょうという、重要な国家間の交渉だ。これが真実だ。だから大黒屋光太夫の本当の役目は、日本からの全権公使（スペシャル・エンヴォイ）である。

　幕府隠密の中の一番体力と能力のある者が外交もやった。１８０９年に間宮林蔵《まみやりんぞう》によって間宮海峡《ストレイト》が発見されている。間宮林蔵も隠密である。彼がサハリン（樺太）は島である、ロシアと地続きではないと現地踏査したことで、サハリンの領有問題が激化したのだ。列強《れっきょう》

大黒屋光《こう》太夫は優秀な公儀隠密（御庭番《おにわばん》）で、将軍親書《しんしょ》を女帝に渡した（1791年）。真実は全権公使（スペシャル・エンヴォイ）の外交官である

光太夫（左から２人目）は、1782年、アリューシャン列島に漂流した。それから10年後、ラクスマン（右端）が、1792年エカチェリーナ２世の命令で、通商要求を目的に光太夫をともない根室に来航した。通商は拒否されたが長崎入港ならば許可するという信牌《しんぱい》を受けて、それを実行した。（図像『光太夫と露人蝦夷ネモロ滞居之図』）
光太夫はサハリン（樺太《からふと》）島の領有問題でロシアと交渉した。日本国内ではこの事実はまだ知られていない。

（主要大国）たちは、当時この事実にものすごく注目し、重視した。

このあと１８１１年にゴローニンというロシア海軍大尉が北海道で捕まって、幕府の人質になった。司馬遼太郎《しば》（本当に悪い作家だ）の『菜《な》の花の沖』の船主、高田屋嘉兵衛《たかたやかへえ》（こいつも幕府隠密）がロシアで捕まって、互いに人質交換をしている（１８１３年）。

１７９１年、大黒屋光太夫を謁見したエカチェリーナ２世（62歳）は4年後に死んだ。このあとロシアは、前述したバカ息子のパーヴェル１世、そしてアレクサンドル１世（Aleksandr Pavlovich Romanov、１７７７-１８２５、47歳で死）へと続く。アレクサンドル１世はナポレオンの侵略を受けたが勝った。１８１２年冬のモスクワ郊外でのナポレオンの大敗だ（ボロジノの戦い）。文豪トルストイが描いたまさしく『戦争と平和』（１８６８年刊）の世界だ。

ドイツを操《あやつ》ってフランス、ロシアと喧嘩させるイギリスが一番悪い

３女帝のパンティ同盟に、なぜＦ２が負けなかった（勝った）のか。ここにヨーロッパ近代史の最大の秘密がある。これから私が書くことは、おそらくヨーロッパの歴史学者たちでも理解していない、大きな見方だ。

大黒屋光太夫は紀州藩主の隠密であり、三重県白子《しろこ》から出帆した。毒薬草づくり（小石川《こいしかわ》薬草園）の専門家でもある

緒形拳と西田敏行が主演した映画『おろしや国酔夢譚《すいむたん》』（1992年）DVD。その後史実が明らかとなった

ベルリンの郊外の山の中に追い詰められたF2軍は、あと一撃で全滅するところだった（1761年冬）。それなのに、兵站《へいたん》が続いた。F2軍への武器弾薬の補給が続いた。それはなぜか。それはイギリスのウォルポール（Robert Walpole、1676-1745）という大宰相（プライム・ミニスター）のものすごい策略家がいたからだ。この男が立てた策略が裏からF2を強力に支えたのである。だからF2は負けなかった。

ここで私たちは、イギリスという国がどんなに悪い国か、ということを分かるべきだ。とにかくイギリスは悪い国だ。一番簡単に言うと、ドイツを背後から嗾《けしか》けて、操って、フランスとロシアとウィーンを互いに大喧嘩させる。こうやってヨーロッパ大陸《コンチネント》を常に戦乱状態に持ち込む。これがイギリスの大戦略である。今でもそうだ。

ヒトラーや、今のウクライナのゼレンスキーを考えてみればいい。彼らはイギリスに連れて行かれて、タヴィストック心理戦争（サイコロジカル・ウォー）研究所で洗脳されて帰された男たちだ。今もウクライナを操って、戦争を終わらせないようにしているのはイギリスだ。もっと精密に言うと、ゼレンスキーを直接操っているのはイギリス国家情報部であるMI《エムアイ》6《シックス》だ。毎日ゼレンスキーに「今日はこれをやれ」と命令しているのはイギリス人の高級国家スパイでありながら、同時にSAS《エスエィエス》（スペシャル・エアサービス）特別空挺《くうてい》部隊の大佐でも

この大《だい》宰相ウォルポールが、独と仏と墺（ウィーン）を対立、戦争させる大《だい》戦略を組んだ。大英(海洋《シー》)帝国《エムパイア》の基礎を作った

ロバート・ウォルポール
(1676－1745)

大ピット
(1708－1778)

ある軍人だ。

このSASが20人ぐらいでゼレンスキーをずっと護衛している。もっと分かりやすく言うと、映画『007』のジェームズ・ボンドみたいな男たちだ。ジェームズ・ボンドは、MI《エムアイ》6《シックス》でありながら同時にSBS《エスビーエス》（特別ボート［船艇］部隊）の海軍大佐でもある。女王陛下の殺しの許可番号《ライセンス》である007と呼ばれる。世界政治なるものの本当の恐いところは、こういう国家スパイたちの凄まじい殺し合いである。映画007を楽しんで見ているお庶民の皆さんは幸せだ。

だからこの1750年代ぐらいから、イギリスが本当に悪い。ウォルポールが大英帝国の基礎を作ったと言える。ドイツとフランスとロシアとウィーンを、いつもケンカ（戦争）させることでヨーロッパに戦乱が続いて、その隙間でイギリスが海洋帝国（シー・エムパイア）として7つの海を支配する大英帝国になったのだ。

あとで書くが、このウォルポールが1714年からイギリスの国王として、北ドイツの、訳の分からない小さな国（ハノーファー国）のドイツ人のジイさんをロンドンに連れて来て、これをイギリス国王に据《す》えた。このデブのドイツ人は英語もしゃべれなかった。周りにデブのおばさんの女官たちを引き連れてきた。即ち、もうイギリス国王なんか誰でもよかったのだ。このウォルポールが「責任内閣制」といって、議会政治家の大物たちが国政を動かした。このあとイギリス国王ジョージ3世がアメリカ独立戦争の時に、発狂寸前になりながら、アメリカの独立を許してしまうという大失態を招いた。このジョージ3世という名前を日本人は誰も知らない。ただイギリス国民には人気があったと言われている。そしてジョージ6世の娘が、この間死んだエリザベス2世である。彼女の家柄は、ドイツ系だとまずいということで、ハノーヴァー朝（ザクセン・コーバーグ・ゴータ家）からウィンザー朝と名前を変えた。

イタリア独立も背後にいたのはイギリス

この本での私の大《だい》発見の1つは、イギリスがヨーロッパ諸国を互いにケンカさせることで、大英帝国が世界覇権国（ヘジェモニック・ステイト）になったのだという事実だ。

例えばイタリアという国は、1500年代までは、フィレンツェを中心にしてものすごく繁栄した。自治都市国家（コムーネ）の連合体で、フランス、イギリス、ドイツの国王たちよりずっと豊かで、いい暮らしをしていた。だから1533年にメディチ家のカトリーヌ・ド・メディシスがアンリ2世に嫁いでいる。ただの平民《ポポロ》の家柄であるメディチ家からフランス国にお妃が来たのだ。たいへんな持参金を持って来た。アンリ4世と結婚したマリー・ド・メディシスも同じくメディチ家で、イタリアから来た太っちょの銀行家の娘と悪口を言われた。イタリアからナイフやフォークの使い方とか、最初のオペラ（歌劇や舞踏）がヨーロッパの王宮にもたらされたのだ。

このあとイタリアは没落した。それから300年経って、1861年にようやく統一してようやく国家として独立した。ヴィットーリオ・エマヌエーレ2世（Vittorio Emanuele II、1820－1878、57歳で死）という国王が、サヴォイア家のサルデーニャの領主階級の海賊みたいな奴が、イタリア国王になった。不思議な話である。ジュゼッペ・ガリバルディ（Giuseppe Garibaldi、1807－1882）という英雄と、世界秘密結社のフリーメイソンの3代目総長のジュゼッペ・マッツィーニ（Giusepp Mazzini、1805－1872）が、イタリア統一を助けた。私はローマでマッツィーニの墓碑に行った。

ここで私は、謎を解いた。このことを書いている歴史学者はいない。私は分かった。このイタリア独立というのは、どうもオーストリア帝国から、イタリアを分裂させて独立させた動きである。それがまさしくイギリスなのだ。なぜなら、1815年にナポレオンが打ち破られた（ワーテルローの戦い）。ヨーロッパで最強の〝グランダルメー〟（Grande Armée）と呼ばれたフランス陸軍《アルメー》が、壊滅した。その後はイギリスが世界覇権を握った。そして地中海にも堂々と入ってきた。そしてカンヌやモナコ（モンテカルロ）、ニースなどの南仏《なんふつ》のコート・ダジュール「青の海岸」と呼ばれる超《ちょう》高級地を開発した。あの地方はアングレーの土地と呼ばれる。アングレー anglais というのは、フランス語でイギリスという意味だ。イギリスやドイツは、北の寒い国だから、暖かい海に面した別荘地（避暑地《リゾート》）なんかできない。だからイギリスが地中海を我が物顔で支配したのだ。この時から1914年に第1次世界大戦が始まるまでの200年間に、ヨーロッパ全体に巨大な不動産バブルが起きた。ヨーロッパ白人文明の大繁栄が続いたのだ。この時、アジア（日本を含む）、アフリカ、南米などは、みじめな植民地にされた。

だから、イギリスが背後から、イタリアを唆《そそのか》し武器と資金を与えて独立させたことで、ウィーンの帝国を弱体化させた。これが大きな見方でのヨーロッパ300年史だ。この他にナポリ・シシリー王国と呼ばれる国もあったりしたが、もう細かい話はやめる。

このようにウォルポールが、世界政治を動かした悪賢いイギリスの政治家だった。ドイツを操り、仏、墺、露を互いにケンカさせ、かつイギリス王室まで自分で作って操った。この大きな見方ができなければ、ヨーロッパ政治史など解明したことにならない。だが、それからちょうど100年後の、1914年の第1次世界大戦（WWⅠ）の勃発の時からイギリス帝国の没落が始まった。新興国のアメリカ合衆国に世界覇権が移ったのである。ヨーロッパはWWⅠで焼け野が原になった。アメリカの生産設備は全て残った。だからWWⅠとWWⅡはアメリカ帝国が仕組んだのである。このように世界覇権（ワールド・ヘジェモニー）というのは100年ごとで移動していくのである。分かりましたか。

そして今年2024年かな？　アメリカのニューヨークで金融崩壊が起きて、世界覇権は中国に移っていくであろう。この見方を私は20年前からしている。

ただし、この悪《あく》の大宰相ウォルポールは、イギリス議会で権力争いをやっていた。相手は大ピット（William Pitt、1708-1778）である。この大ピットが、ウォルポールと大喧嘩しながら政権を交互に作った。そして、息子の小ピット（William Pitt [the Younger]、1759-1806）が、ナポレオンとの激しい戦いのときの人だ。小ピットは、ナポレオンを叩き潰すために死ぬほど苦労した。その横にユダヤ財閥のロスチャイルド家がいた。

このように考えると、イギリスの悪賢さが世界史の理解として、一番大事だと分かる。ヨーロッパの現在の知識人たちでさえ、ここまで大きく見る目をもっていない。私は日本知識人の代表として、外側からの大きな目で欧米白人どもの悪だくみを見抜く。日本の自称国家戦略家（ナショナル・ストラテジスト）としての自負をもって、このように断言する。

この時からイギリスは国王の力が衰えていった。だから変な言葉がある。「王は君臨すれども統治せず」である。これが今も意味不明の言葉である。「イギリス王はレイン（reign 君臨）はするが、ガヴァーン（govern 統治）はしない」と。何を言っているのか私には分からない。日本人の知識では分からない。レイン、君臨というのはものすごく強い言葉だ。君臨は全面的支配のことだ。それに対して、ガヴァーメントとかガヴァニングというのは、「行政《エグゼクティヴ》として政治を行う」というだけのことであって、これは内閣《キャビネット》にやらせると言ってる。簡単に考えれば、「大きなこと（例えば外国との交渉、戦争）は国王が判断するが、経済などの小さなことは政府に任せる」ということだ。それでも訳が分からん。これがイギリスのタチの悪さだ。

イギリスが幕末に日本にまでやって来て、日本の天皇制を作った。アメリカのペリー提督やタウンゼント・ハリス全権公使は小者《こもの》だ。本当に日本を裏から操って支配したのはイギリスなのだ。日本の王家（皇室）を創作して操ったのはイギリスなのだ。幕末の日本で一番のワルは、イギリスのラザフォード・オールコック全権公使である。彼は『大君《たいくん》の都《みやこ》』"*The Capital of Tycoon*, 1863"を書いた。このオールコックが日本からの金《きん》（小判）の流出のほとんどを奪った。日本側の両替商《りょうがえしょう》（幕府御用《ごよう》）たちを味方につけて流出小判のほとんどを自分のものにした。日本のアホの歴史学者たちでは、ここまでの解明はできない。この重要な問題についてはこの本ではこれ以上書かない。

ウォルポールはもうひとつ偉大な仕事をやっている。それは1720年10月に起きた南海泡沫《ほうまつ》事件である。今でいう巨大バブル金融の崩壊である。ウォルポールはこのバブルの破裂でロンドンで泣き叫んでいた投資家たちの大損の悲劇を、最小限度で片付けた。

ところが、それに対してフランスは、ルイ15世が赤ちゃんで王位に就いた（5歳）だったが、この南海泡沫事件で、計り知れない打撃を受けた。フランス政府はこのときの大損害を隠して表に出さなかった。このバブル崩壊の後始末をちゃんとできなかった。だからフランスは70年後にフランス大革命が起きて、ブルボン王朝は首ちょっきんで途絶えたのだ。ルイ16世と奥様のマリー・アントワネットがギロチンにかけられて死んだ（1793年）。

南海泡沫（サウス・シー・バブル）とは、今の南部アメリカのルイジアナ州に作っていた国

南海泡沫《ほうまつ》（サウス・シー・バブル）事件の債券（株式）の大暴落（金融恐慌）でフランス国は財政に巨大な打撃を受けた。イギリスに騙《だま》された。それがフランス革命につながった

大《だい》詐欺師ジョン・ロー
（1671－1729）

1720年が頂点のミシシッピ会社（コンパニー）の熱狂的な投機ブームを象徴的に表している当時の銅板画。それが大破裂した

策会社のミシシッピー・コンパニーが発行していた債券（借金証書）が大暴落をして紙切れになって、みんなが大損した。ジョン・ロー（John Law de Lauriston、1671-1729）という喰わせ者の男が、まんまとフランス王家に入り込んで、この巨大バブル投機事件を引き起こした。ジョン・ローは、スコットランド出身の財政家（フィナンシア）で、ルイ15世の懐《ふところ》に入り込んだ。この男はウォルポールが計画的に送り込んだ謀略人間だったろう。そうしてフランスの王室財産までもミッシッピー・コンパニーにつぎ込ませた。この時、異様な投機の熱狂が起きた。フランス経済は空前のバブル経済に沸いた。

しかし、このバブルは1年と持《も》たなかった。バブルははじけて、ジョン・ローは財務総監を辞任し、行方をくらました。同じ時にイギリスも南海会社の投機バブルがはじけたのだが、イギリスでこの混乱をウォルポールが上手に処理した。

このようにして、仏ブルボン朝の財政は、急速に悪化した。これを裏に隠したままにしたので、これが1789年のフランス革命にまでつながったのだ。この時、イギリスがフランスを叩きのめしたのである。

そのウォルポールも1745年に死んでしまう。

大《だい》宰相ウォールポールがハノーヴァ(ファ)ー国という北ドイツのどうでもいいような領主のジイさんを連れて来て英国王にした。英語ができなかったので重臣たちがいいように操《あやつ》った

ハノーヴァー朝の最初の王
ジョージ1世
(1660－在位1714－1727)

ステュアート朝の最後の
アン女王(1665－1714)
レズビアンだった。侍女たちと愛し合った

1714年に、ステュアート朝の最後の王であるアン女王（Anne Stuart、1665－1714、49歳で死。在位1702－1714）が亡くなる。アン女王はレズビアン（同性愛者）だった。子供がいなかった。だから、ハノーヴァーというドイツの都市から適当に連れて来いということで、ウォルポールがジョージ1世（George I、1660－1727、67歳で死。在位1714－1727）という英語のしゃべれないドイツ人を英国王にした。

ジョージ1世は王位に就いた時、すでに55歳だ。若くもない。その周りのお付きの女官や側室たちもブタ女みたいなのがごろごろいた。彼女らもロンドンまで連れて来た。真実は、ロンドンにあまり居つかないで、ハノーヴァーにほとんど帰っていたらしい。

このハノーヴァー朝の始めは、今言ったようにジョージ1世で、ここから4代続いた。この時代の建物のことを「ジョージアン」（Georgeian）と呼ぶ。そのあとがヴィクトリア朝だが、血筋としてはハノーヴァー朝だ。女王を認めないハノーヴァー朝との「同君《どうくん》連合」を解消して、ヴィクトリア女王（Victoria、1819－在位1837－1901、84歳で死）から「ヴィクトリア朝」が始まる。

ヴィクトリア女王は1837年から1901年まで64年間統治した。ヴィクトリア女王を操ったのは、保守党のディズレーリ（Benjamin Disraeli、1804－1881）という、ユダ

この２人が交互に政権を担当した。中国の阿片戦争(1840年)も日本の幕末維新(1853年)も引き起こした。アメリカを操って日本を開国させた

ユダヤ人の首相（保守党）で、インド帝国を、ヴィクトリア女王に献上した。ロスチャイルド財閥が動かした

ベンジャミン・ディズレーリ
(1804 - 1881)

一応温和なリベラル派（自由党）ということになっているが、やっていたことはディズレーリと同じ

ウィリアム・グラッドストン
(1809 - 1898)

ヤ人の、下から這い上がった男だ。背後に英ユダヤ財閥のロスチャイルド家がいた。この時代のもうひとりの大物政治家が、自由党を大きくしたグラッドストン（William Ewart Gladstone、１８０９-１８９８）だ。１８６８年から１８８５年までグラッドストンとディズレーリは交代で首相をしている。

その頃、イギリスは中国を侵略して、清朝をボロボロに叩き潰した。阿片戦争《オピアム・ウォー》を仕掛けた。これで大清《だいしん》帝国を叩き潰した。この時、チャールズ・ゴードン（Charles Gordon、１８３３-１８８５）という将軍がいた。これが太平天国の乱（１８５１-１８６４年）を鎮圧した。常勝軍《じょうしょうぐん》 Ever Victorious Army と言われた軍隊を作って。

太平天国の乱というのは、反西洋の激しい民衆の独立運動だったのだが、たいした力を持たないわけで。中心にいたのはキリスト教返りの変な中国人たちだ。このあと１９００年に義和団《ぎわだん》の変がある。Boxer《ボクサー》 War《ウォー》と言い、西洋式のボクシングで西洋軍隊に立ち向かった。辛亥革命（１９１１年）で３００年の清朝《しんちょう》（チン・ダイナスティ）は崩壊した。

チャールズ・ゴードン将軍は、その後、エジプトに派遣された。エジプトの南隣のスーダン（当時はエジプト領）に有名なハルツームという都市がある。そのハルツームで激しいイスラム原理主義運動が起こった。マフディ（救世主の意味）という男がいて、この男が神がか

仏ナポレオンを打ち倒した（1815年）あと大英帝国の絶頂期である。彼女の死後、1914年から世界覇権《はけん》はアメリカに移った。そして今、中国に移りつつある。世界覇権国《ヘジェモニック・ステイト》は100年間と決まっている

ヴィクトリア女王
（1819－1901）

インド人に扮したディズレーリがヴィクトリア女王に“It's yours.”「イッツ・ユアーズ」とインドを差し出している（1876年）。女王は Thank you. と一言言ったという

った。自分はムハンマドの再来だと言った。このマフディが起こした「マフディの乱」（1884年）の鎮圧に、エジプト・英国連合軍が向かった。そのときゴードン将軍は、マフディに負けて、ハルツームで殺された。槍《やり》の先に頭部を突き刺された。その時の首相はグラッドストンで、穏健派、リベラル派だから、原住民にあまりひどいことをするなという思想だ。それと日本の明治維新はつながっている。あの時の日本の扱われ方は。まさしく明治維新そのものがイギリスによって画策され、作られたものだ。

イギリス国王というのは本当に悪い国王だ。みんなが分かっていない。イギリス国教会。これは前に書いたとおり、1534年、ヘンリー8世のときできた。イギリス国教会（アングリカン・チャーチ）は聖公会とも言うが、何が悪かったかと言うと、簡単なことで、イギリス国王を神格《しんかく》（ペルソナ）にしてしまった。同じく日本の天皇を神（現人神《あらひとがみ》）にした。これがこのあと、どれぐらい日本国に災《わざわ》いを与えたか。本当に悪いのはイギリスだ。

エカチェリーナ2世は大《だい》人物

すさまじく性欲旺盛なロシアの
エカチェリーナ2世
Ekaterina II（1729-96）

ドイツの小国アンハルト・ツェルプスト公（Christian August von Anhalt-Zerbst, 1690-1747）の娘。幼名ソフィー（Sophie）。プロイセン王フリードリヒ2世大王の仲介で、ロシア女帝エリザヴェータの甥ピョートル（のちのピョートル3世）と結婚（1745、16歳）。ロシア正教に改宗してエカチェリーナとロシア名に改めた。太子パーヴェル1世を生んだ（54）が、結婚生活は不幸で、まもなく寵臣と語らい、即位した夫を、「F2に騙されて七年戦争を終わらせた愚か者」として貴族たちの支持で廃し、自ら帝位に就き（62、33歳）、夫の廃帝を殺害させた。貴族たちや他国の王たちと華やかな性関係を結んだ。

啓蒙専制君主。同時代の啓蒙主義者ヴォルテールと文通し、ディドロ、ダランベールに助言を求めた。新法律委員会を召集（67）、啓蒙主義的著作の『訓示』を書いた。農奴制度の改善を計画したが、自己の権利と特権に固執する貴族たちの反対で失敗。地方制度、司法制度を改正（75）、貴族に「特許状」を与え（85）、その諸特権で勤務・税金・体刑の免除、農奴所有の独占、地方自治を許した。

プガチョフの乱（73-75）とフランス革命に反対して貴族独裁政治を強化した。3回のポーランド分割（72; 93; 95）で、ポーランドを併合した。2度の露《ろ》土《と》戦争（68-74; 87-91）で黒海沿岸の地を確保。カスピ海沿岸をペルシアから奪い、極東方面の経営を考え日本（江戸幕府、大黒屋光太夫）と秘かに交渉した。

ピョートル1世（大帝）の偉業は女帝の時に完成し、ロシアはヨーロッパの強国となった。

英語でエンライトンメント（enlightenment）といって、光を当てるという意味だけど、漢字の「啓蒙」というのは、つる草を切り払うという意味だ。このことは結構知られている。だが、しかし日本人は何のことか実感で分かっていない。古い思想が壊れて、太陽が、日が当たって、近代思想が生まれました、ぐらいのことだとしか、知識人でも知らない。

フリードリヒ2世（F2）は啓蒙専政君主と呼ばれた。エントライトンド・キング（啓蒙王）というのは何なのだと言えば、わかりやすく教えると、日本で言えば、大岡越前守みたいな人のことなのだ。大岡越前は頭がずば抜けてよくて、本当に民衆に尊敬されていた。それで8代将軍吉宗にものすごく大事にされた。最後は1万石の大名にまでなった。ただし他の大名たちからはいじめられた。江戸城の松の廊下のある大広間では一番隅っこに座っていた。

この大岡忠相《ただすけ》と、遠山の金さんと、それから、火付盗賊改《ひつけとうぞくあらため》の長谷川平蔵。この3人は本当に偉かった。長谷川平蔵（鬼平）は江戸町奉行になれなかった。遠山の金さん、こと遠山金四郎影元《かげもと》は、江戸の町奉行で、本当に入れ墨があった。若い頃、向島で遊んでいた。そしてこの人もずば抜けて頭のいい人だった。江戸の町人に尊敬された。分かりやすく言えば、こういう人たちだ。

もっと分かりやすく言うと、水戸光圀だ。水戸光圀はあんな全国行脚《あんぎゃ》なんかしてないのだが、『大日本史』を書いた。天皇家の思想をつくった御三家《ごさんけ》の1つの水戸藩の思想を作った人だ。この水戸黄門さまがエンライトンド・キングだ。民衆に善政を施す。このことをまず実感として日本人は分からなければならない。

先からの流れでいうと、エカチェリーナ2世の治世（1762－1796年）に、フランス革命が起きた。各国の王たちはびっくりした。自分たちも首がちょん切られると思った。彼らにしてみれば、ルイ16世とマリー・アントワネットは、お友達だ。自分の首がちょん切られると思った途端、どれぐらい焦って、かつ怒ったか。だからエカチェリーナ2世はエドマンド・バークをイギリスから呼ぼうとした。バークはフランス革命が勃発して3年後の1792年に『フランス革命の省察《せいさつ》』"*Reflections on the Revolution in France*, 1792"という本を書いている。その中でバークは、これはただの暴動だと批判した。人殺しの暴徒が4回暴れただけなんだと。ろくなもんじゃないと書いた。これにエカチェリーナ2世が死ぬほど感動して、エドマンド・バークを招こうとしたが、エドマンド・バークは行かなかった。その前にディドロが1773年、サンクトペテルブルクに行っている。だからヨーロッパの大《だい》思想家たちはそうやって王たちに招かれて行っている。

ディドロとダランベールが、数学もできて百科全書《エンチクロペディー》を作る。そこでルソーと大喧嘩になったりした、ぐちゃぐちゃな知識人ドラマがある。

F2が死んだのは1786年で、フランス革命勃発の3年前だ。

F2の問題は、じつは秘密結社の問題だ。この男はホモだったという話は当たり前の話だ。F2たちプロイセンの王族・貴族様たちが、薔薇《ばら》十字団《じゅうじだん》（ローゼンクロイツ）秘密結社を作って、本物のすばらしい秘密結社（ザ・ソサエティ）であったイルミナティとフリーメイソンの中に入り込み、やがて乗っ取っていった。これが歴史の真実だ。イルミナティ（フリーメイソン）という秘密結社は、元々は、簡単に言えばモーツァルトみたいな、ずば抜けて優れた芸術家や技術者、大商人の優秀な人間たちだけが入れる組織だった。極めて優れた人間たちの組織で、日本で言えば、慶應義塾を作った福澤諭吉たち産業人が政府に頼らないで作った組織だ。これが本物の秘密結社なのだ。日本では交詢社《こうじゅんしゃ》と言う。

ところがそこに、貴族や王様たちが潜り込んで（インフィルトレイトして）きた。そして組織を乗っ取っていった。本物のフリーメイソン、イルミナティをね。だからアダム・ヴァイスハウプトとクニッゲ男爵とか、ああいう人たちは立派な人たちだった。イルミナティを作ったアダム・ヴァイスハウプトは、ミュンヘンの近くのインゴルシュタット大学の教会法《きょうかいほう》

啓蒙《けいもう》君主（エンライトンド・キング）というのは日本では徳川光圀《みつくに》（黄門さま）や8代将軍吉宗《よしむね》のような権力者だ

サンクトペテルブルクでエカチェリーナ2世に謁見するフランスの啓蒙思想家で百科全書派（アンシクロペディスト）のドゥニ・ディドロ（1773年）

の教授で、傍《かたわ》らに本もたくさん書いた。当時ものすごく人気があった、素晴しい人だったのだ。これが能力がある人間たちが社会を治めていくべきだという思想だ。能力があるなしの審査（入会の許可）は自分たちでやるとした。そして、もう貴族や王様はいらないという思想を作った。ところがここに1750年代ぐらいから貴族や王様たちが潜り込んできておかしなことになってしまった。それが現在「×陰謀論」（コンスピラシー・セオリー）と言われるところの、数々の、悪の思想が中に入り混んだ世界フリーメイソンになっている。その各国の末端の団体が、ロータリー・クラブである。極悪《ごく》人はフリードリヒ2世たちである。

福澤家の一族を追い出したあとの慶応三田会《みたかい》は、明らかにディープステイトだ、と言われている。現代の悪《あく》の組織になり果てている。

職人的お坊様はもう要らない

イギリスに話を戻すと、今のイギリス国王が、スウェーデン、オランダ、ベルギーとか、デンマーク、ノルウェー、スペインまで、わざと王様（王室）が残るように画策した。国王制度を今でも残している国々だ。それで国王たちは評判が悪い。スペインのファン・カルロス1世国王も、2014年に、ノッポのフェリペ6世に代わったけど、ものすごく評判悪かった。スウェーデンのカール16世グスタフ国王（在位1973－　）もものすごく評判悪い。オランダも、ベルギーも。ものすごく評判が悪い。だからもう国王制度を廃止しなければいけない。人類はここまで来た。これがディープステイトとの戦いの真実だ。あとローマ教会。カトリックも叩き潰さないといけない。ディープステイト The Deep State というのはこの連中のことだ。

だからヨーロッパ近代（1500年から）が始まってから500年しか経たないヨーロッパが、その間に世界中を支配した。軍事力と近代サイエンスの力で。白人どもの文明が優れていたから。アフリカも南米もアジア諸国もみんな植民地にされた。それが植民地主義（コロニアリズム）だ。その次に帝国主義（インペリアリズム）の属国にされていった。この200年間のことだ。そしてようやく今それらが終わっていく時代に今私たち人類がいるんだということを自覚しないといけない。

だから、ヨーロッパがこの闘いの主戦場だ。国王制度を廃止せよ、だ。あとローマ・カトリックを潰《つぶ》せ。彼らを終わらせろ。もう1回新型のプロテスタント（抗議者）たちが戦わないといけない。プロテスタントの内部もひどいことになってしまった。10分の1税（tithe

タイス、ティス）と言うのだが、この10分の1税で、自動的に給料から教会税《タイス》が教会に入るようになっている。この時、巨大な腐敗が生まれた。

だから簡単なことで、職業的お坊様はもう要《い》らない。廃止せよ、というのが今、最も大事な思想だ。新教徒《プロテスタント》の中のバプティストとユニテリアンがそれを実践している。

バプティストはイギリスから、北のスコットランドに渡ったら、プレズビテリアン（長老派）と言う。プレズビター（長老）という、大司教クラスのお坊様を持っている。そしてまとまりを作ったから、わりと大きい宗教団体を続けている。これがドイツやスイスでカルヴァン派である。

それに対して、ユニテリアンはどんどん小さくなっていった。世話役さん、レイマン（lay-man 俗人）しかいない。坊主を廃止した。だから佐藤優氏も言ったけど、スイスやドイツでは、バプティストの教会はもう十字架も祭壇もありませんと。白い部屋があるだけだ。そこまで来てしまってる。神学者《セオロジスト》（お坊さまではない）のカール・バルトの批判神学は、〝危機の神学〟にいたった。現代キリスト教は危機に瀕《ひん》している、と。同様の主張がアメリカでは、神学者のラインホルト・ニーバーによって唱《とな》えられた。

だから信仰者ひとりひとりに自分の聖霊がしょっちゅう降りてきて、ホウリー・スピリッツト（聖なる霊魂）と自分との交信、対話だけだ。これが今のキリスト教が行き着いた果てだ。世話役さんがいるわけだ。この人が人格者で実力者で、企業経営者でお金持ちだ。これを創価学会では「支部長」と言うらしい。私はついに突き止めた。創価学会が1991年できれいさっぱり、日蓮正宗《しょうしゅう》の総本山の大石寺《だいせきじ》（富士山の裾野にある）から完全に分裂した。僧侶（お坊さま）たちから追い出された。このことが創価学会に幸《さいわ》いして、もう職業的坊主はいらないという思想になった。自分たちだけでやってゆこう、と。それでこの力のある人間を支部長と言う。坊主（僧侶、牧師、神父、神官）たちに、いちいちお布施《ふせ》、ご供養《くよう》、法要《ほうよう》、喜捨《きしゃ》をムシリ取られることがなくなった。だから坊主たちは全て滅べばいいのだ。

この支部長が500人、1000人とか、2000人とかをまとめている。地区の民生委員とか、市会議員とかもやったりしている。実力者のところに集まるのだ。この支部長がまさしくユニテリアンのレイマン、世話役さんと同じだ。だから佐藤優氏が「創価学会は世界（レベルの）宗教になった」という言い方をした。これが大事だ。

あとがき

この本を書いた私の苦労（苦悩、苦しみ）は、「それでは、それでは一体どう書いたら、ヨーロッパの王様たちの複雑きわまりない歴史の全体像を大きく大きく、ガバッと読者に分からせることができるか」であった。私は2年ぐらいこのことで苦しんだ。

ヨーロッパの歴史書は、すでにたくさんある。古典《クラシカル》の名著で大著のエドワード・ギボンの『ローマ帝国衰亡史《すいぼうし》』*The History of the Decline*《デクライン》 *and*《アンド》 *Fall*《フォール》 *of the Roman Empire*, 1776から、最近で言えばユヴァル・ノア・ハラリの『サピエンス全史』のような世界人類史の通史をまとめた本まで、ものすごい数である。私は40年前から読んできた中公《ちゅうこう》（中央公論）文庫の『世界の歴史』（旧版全16巻、単行本1962年完了。新版文庫全30巻）を、自分の世界史勉強の土台にしてきた。編者の堀米庸三《ほりごめようぞう》たち西洋史学者たちが、各々の国の歴史の専門家として苦闘して、なんとか日本に、西洋近代史（古代、中世も）への理解を移植《いしょく》（トランスプラント）し植え付けてくれた。

歴史《ヒストリー》（学）の専門家ではない私が、総合知識人（ホモ・ウニヴェルシタ―ティス、万能人《ばんのう》）の資格で。ほんとに取るに足りない己れのちっぽけな知識総量（そんなに何でも勉強できるものではない。金《かね》も時間も体力もない。本を読むことを私は60年間やってきたが、たいした量ではない）で、それでも、何故かこれだけの大伽藍《だいがらん》を自力で建てようとする。

大きく巨大で、かつ簡潔な、一本筋を通した理解を作らなければ、人々（読書人）は困る。だから、私が、ドカーンと一本、柱を通す。

それがこの本だ。これで、「ああ、そうだったのか。ヨーロッパの主要な王（女王）たちと大《だい》思想家たちを中心に、まず大きく分かればいい訳《わけ》ね」と腑《ふ》に落ちてくれるだろう。日本の各業界の専門学者たちは、皆、私のあとから付いて来い。

私はすでに、前作として『ミケランジェロとメディチ家の真実』（2021年、秀和システム）も『本当は恐ろしいアメリカの思想と歴史』（2020年、秀和システム）も、『隠された歴史 そもそも仏教とは何ものか』（2012年、PHP研究所）も、『（アメリカ）経済学という人類を不幸にした学問』（2020年、日本文芸社）も、『日本人が知らない真実の世界史』（2018年、日本文芸社）も、それから『信長はイエズス会に爆殺《ばくさつ》され、家康は（忍者から）摩《す》り替《か》えられた』（2015年、PHP研究所）も書いているんだゾ。もっともっと他にも書いている。嘘《うそ》だと思うならアマゾンで過去の私の本を検索（リトリーヴ）しなさい。

私が書く本は、やや雑駁《ざっぱく》で粗雑であるが、仕方がない。おカネも時間も、暇も体力もなしでずっと書いて来た。自分の持てるこの鋭《するど》い頭と口《くち》と手だけで。読者に分かってもらう為《ため》にはガツーンと単純化して大風呂敷《おおぶろしき》を広げて書く。己《おのれ》の文章を彫琢《ちょうたく》し、ギリギリ単純な思想にまで結実《けつじつ》させるのは大変な（脳《のう》の）苦闘だ。私はこれをやってきた。こうやって筆《ふで》一本でもの書き人生40年を生きて来た。

私が書く本は、そこらのバカと、それから低《てい》（知）能《のう》知識人たちが書く本とは違うのだ。分かる人には分かる。私の本に近寄りたくない人は近寄らない。それでいい。

最後に。私にこの本を急いで書かせようとして、担当編集者が寓居《ぐうきょ》の茅屋《ぼうおく》の熱海市まで無言の圧力をかけに来ることで、共苦《きょうく》の共同作業でこの本が出来た。小笠原豊樹氏は、ドイツ語とフランス語が本当によく出来る（文章を原文で書いてゆく）人である。文科系知識人の鑑《かがみ》である。記して感謝します。

2024年2月

副島隆彦

を否定するために全力で闘ったのだ

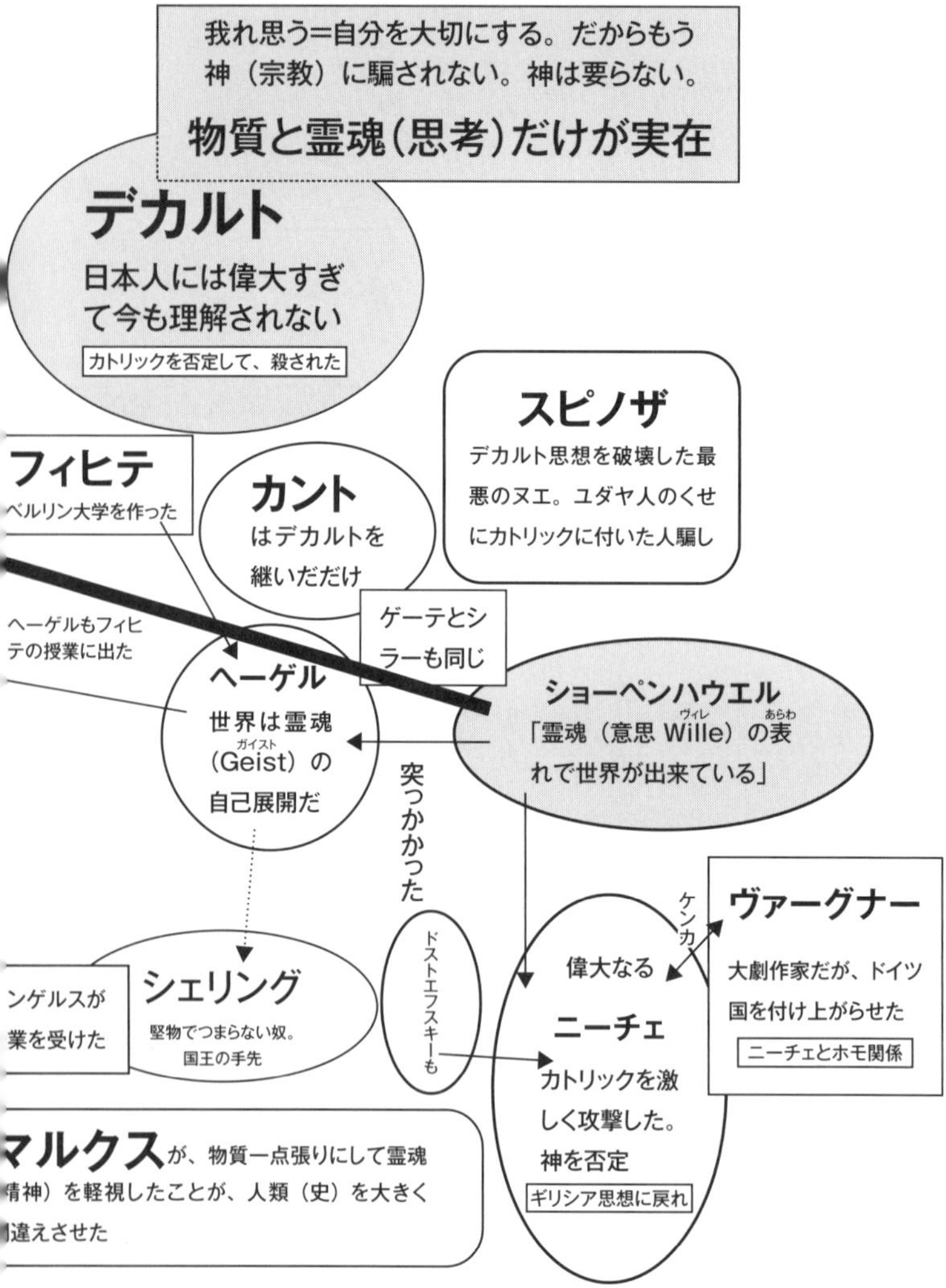

我れ思う=自分を大切にする。だからもう
神（宗教）に騙されない。神は要らない。
物質と霊魂（思考）だけが実在
デカルト
日本人には偉大すぎて今も理解されない
カトリックを否定して、殺された
スピノザ
デカルト思想を破壊した最悪のヌエ。ユダヤ人のくせにカトリックに付いた人騙し
フィヒテ
ベルリン大学を作った
カント
はデカルトを継いだだけ
ヘーゲルもフィヒテの授業に出た
ゲーテとシラーも同じ
ヘーゲル
世界は霊魂（Geist《ガイスト》）の自己展開だ
ショーペンハウエル
「霊魂（意思 Wille《ヴィレ》）の表《あらわ》れで世界が出来ている」
突っかかった
ヴァーグナー
大劇作家だが、ドイツ国を付け上がらせた
ニーチェとホモ関係
ケンカ
ドストエフスキーも
偉大なる
ニーチェ
カトリックを激しく攻撃した。神を否定
ギリシア思想に戻れ
シェリング
堅物でつまらない奴。国王の手先
ンゲルスが
業を受けた
マルクスが、物質一点張りにして霊魂
情神）を軽視したことが、人類（史）を大きく
違えさせた

ヨーロッパの大《だい》思想家たちは、神（宗教）

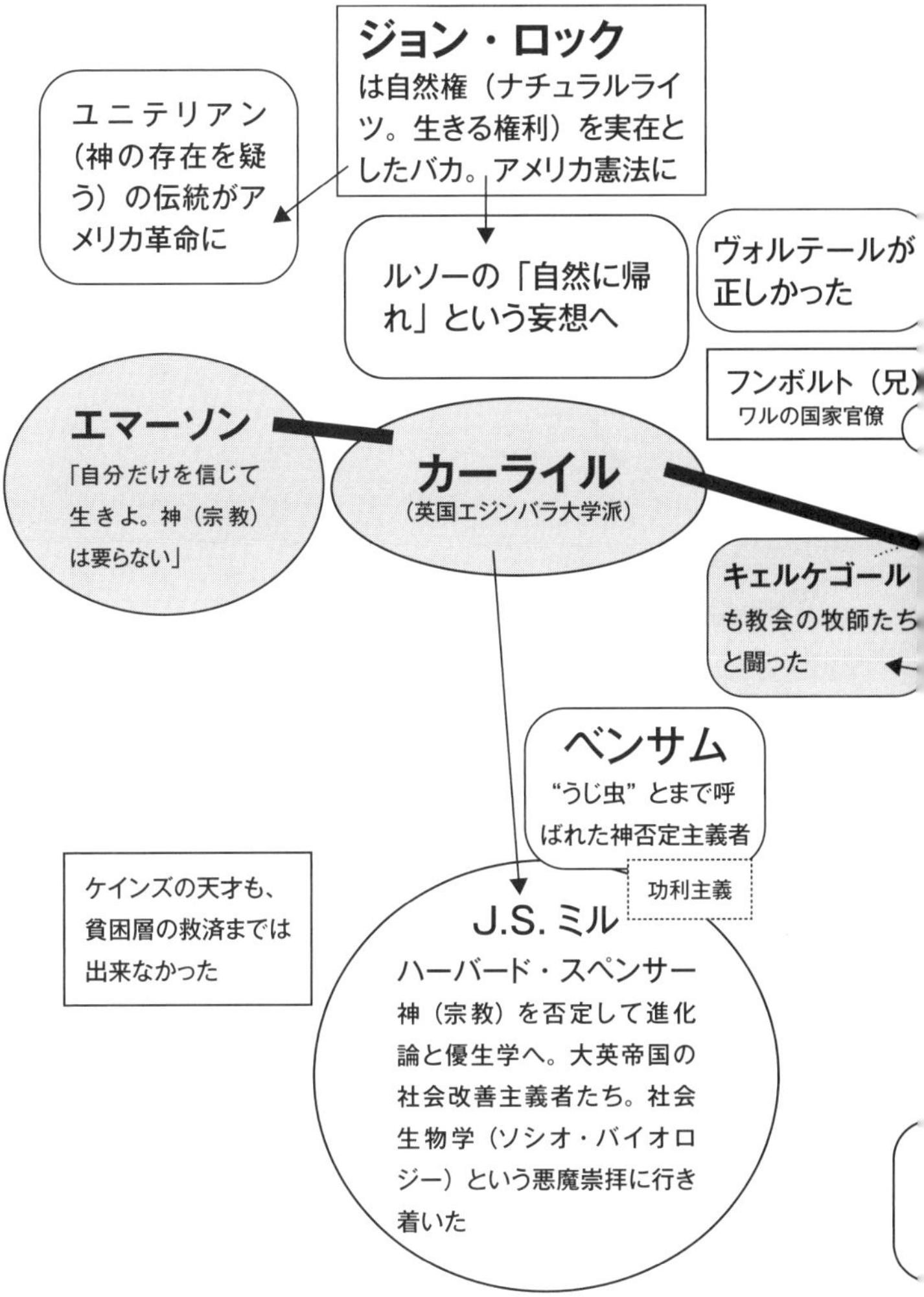
ジョン・ロック
は自然権（ナチュラルライツ。生きる権利）を実在としたバカ。アメリカ憲法に
ユニテリアン（神の存在を疑う）の伝統がアメリカ革命に
ルソーの「自然に帰れ」という妄想へ
ヴォルテールが正しかった
フンボルト（兄
ワルの国家官僚
エマーソン
「自分だけを信じて生きよ。神（宗教）は要らない」
カーライル
（英国エジンバラ大学派）
キェルケゴール
も教会の牧師たちと闘った
ベンサム
“うじ虫”とまで呼ばれた神否定主義者
功利主義
ケインズの天才も、貧困層の救済までは出来なかった
J.S. ミル
ハーバード・スペンサー
神（宗教）を否定して進化論と優生学へ。大英帝国の社会改善主義者たち。社会生物学（ソシオ・バイオロジー）という悪魔崇拝に行き着いた

大思想家たちの生死の重なり

700 1800 1900

命
8

アメリカ独立宣言 1776

フランス革命 1789 - 1799

南北戦争 1861 - 1865

1848 パリ２月革命 ウィーン３月革命

ロシア革命 1917 ~

文化大革命 1966 ~

トマス・ジェファーソン 1743 - 1826

マハトマ・ガンディー 1869 - 1948

ジョン・ハンコック 1737 - 1793

トルストイ 1828 - 1910

ベンジャミン・フランクリン 1706 - 1790

ドストエフスキー 1821 - 1881

ジョージ・ワシントン 1732 - 1799

リヒャルト・ヴァーグナー 1813 - 1883

アレクサンダー・ハミルトン 1755 - 1804

カール・マルクス 1818 - 1883

モンテスキュー 1689 - 1755

ナポレオン・ボナパルト 1769 - 1821

ニーチェ 1844 - 1900

ヴォルテール 1694 - 1778

マックス・ヴェーバー 1864 - 1920

マリー・アントワネット 1755 - 1793

ディケンズ 1812 - 1870

１世 1727

エドマンド・バーク 1729 - 1797

ジョン・スチュアート・ミル 1806 - 1873

ルソー 1712 - 1778

エマーソン 1803 - 1882

フィヒテ 1762 - 1814

ハイデガー 1889 - 1976

カント 1724 - 1804

新島襄 1843 - 1890

ゲーテ 1749 - 1832

福澤諭吉 1835 - 1901

ルイ 15 世 1710 - 1774

ハンナ・アーレント 1906 - 1975

フリードリヒ２世 1712 - 1786

新渡戸稲造 1862 - 1933

マリア・テレジア 1717 - 1780

内村鑑三 1861 - 1930

モーツァルト 1756 - 1791

津田梅子 1864 - 1929

ポンパドゥール夫人 1721 - 1764

ヘーゲル 1770 - 1831

エカチェリーナ２世 1729 - 1796

ベートーヴェン 1770 - 1827

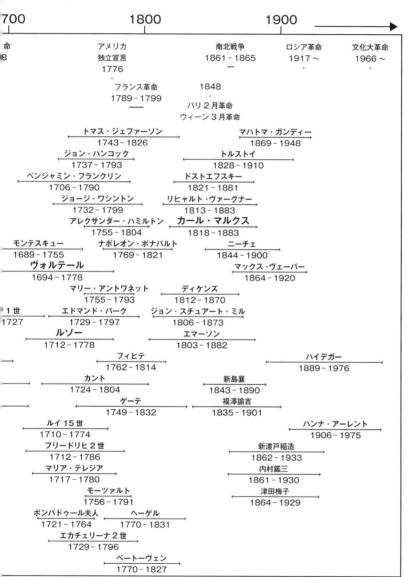

ヨーロッパの王と

1400 1500 1600

英国国教会誕生
1534

清教徒革命《ピューリタン》
1642 - 1649

名

マキャヴェッリ
1469 - 1527

レオナルド・ダ・ヴィンチ
1452 - 1519

ミケランジェロ
1475 - 1564

チェーザレ・ボルシア
1475 - 1507

マルティン・ルター
1488 - 1546

ジャン・カルヴァン
1509 - 1564

モンテーニュ
1533 - 1592

クロムウェル
1599 - 1658

チャールズ 1 世
1600 - 1649

ヘンリー 8 世
1491 - 1547

ジェームズ 1 世
1566 - 1625

エリザベス 1 世
1533 - 1603

フランシス・ベイコン
1561 - 1626

ジョ
166

ホッブズ
1588 - 1679

アンリ 4 世
1553 - 1610

ジョン・ロッ
1632 - 170

ルイ 13 世
1601 - 1643

ライプニッ
1646 - 171

ルイ 14 世
1638 - 171

デカルト
1596 - 1650

スピノザ
1632 - 1677

パスカル
1623 - 1662

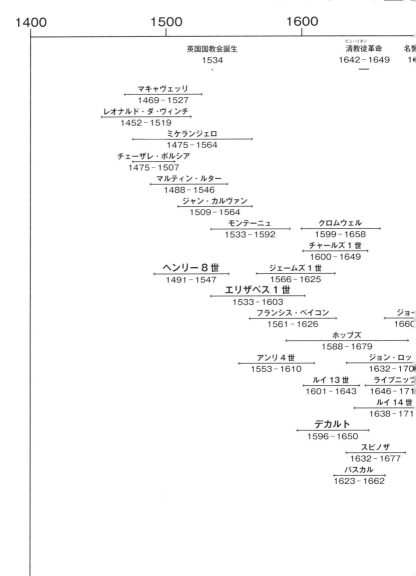

装丁／泉沢光雄
カバー写真／赤城耕一
組版／オノ・エーワン

■著者プロフィール

副島隆彦（そえじま たかひこ）

評論家。副島国家戦略研究所（SNSI）主宰。1953年、福岡県生まれ。早稲田大学法学部卒業。外資系銀行員、予備校講師、常葉学園大学教授等を歴任。主著に『世界覇権国アメリカを動かす政治家と知識人たち』（講談社＋α文庫）、『決定版 属国 日本論』（PHP研究所）、近著に『自分だけを信じて生きる』（幻冬舎）、『中国は嫌々ながら世界覇権を握る』（ビジネス社）、『金融恐慌が始まるので金は3倍になる』（祥伝社）、『米銀行破綻の連鎖から世界大恐慌の道筋が見えた』（徳間書店）、『狂人日記。戦争を嫌がった大作家たち』（祥伝社新書）、『愛子天皇待望論』（弓立社）、『プーチンを罠に嵌め、策略に陥れた英米ディープステイトはウクライナ戦争を第3次世界大戦にする』（秀和システム）他多数。

教養《きょうよう》としての
ヨーロッパの王《おう》と大思想家《だいしそうか》たちの真実《しんじつ》

発行日　2024年 3月28日　第1版第1刷
　　　　2024年 4月17日　第1版第2刷

著　者　副島《そえじま》　隆彦《たかひこ》

発行者　斉藤　和邦
発行所　株式会社　秀和システム
〒135-0016
東京都江東区東陽2-4-2　新宮ビル2F
Tel 03-6264-3105（販売）Fax 03-6264-3094
印刷所　三松堂印刷株式会社　Printed in Japan

ISBN978-4-7980-6693-6 C0095